R(

CAUTIVOS DEL PASADO

ARMANDO FERNANDES DE OLIVEIRA

Traducción al Español:
J.Thomas Saldias, MSc.
Lima, Perú, Septiembre 2024

Título Original en Portugués:

"Cativos do passado"

© Armando Fernandes de Oliveira, 1986

World Spiritist Institute

Houston, Texas, USA

E – mail: contact@worldspiritistinstitute.org

Del Traductor

Jesus Thomas Saldias, MSc., nació en Trujillo, Perú.

Desde los años 80's conoció la doctrina espírita gracias a su estadía en Brasil donde tuvo oportunidad de interactuar a través de médiums con el Dr. Napoleón Rodriguez Laureano, quien se convirtió en su mentor y guía espiritual.

Posteriormente se mudó al Estado de Texas, en los Estados Unidos y se graduó en la carrera de Zootecnia en la Universidad de Texas A&M. Obtuvo también su Maestría en Ciencias de Fauna Silvestre siguiendo sus estudios de Doctorado en la misma universidad.

Terminada su carrera académica, estableció la empresa *Global Specialized Consultants LLC* a través de la cual promovió el Uso Sostenible de Recursos Naturales a través de Latino América y luego fue partícipe de la formación del **World Spiritist Institute**, registrado en el Estado de Texas como una ONG sin fines de lucro con la finalidad de promover la divulgación de la doctrina espírita.

Actualmente se encuentra trabajando desde Perú en la traducción de libros de varios médiums y espíritus del portugués al español, habiendo traducido más de 340 títulos, así como conduciendo el programa "La Hora de los Espíritus."

ÍNDICE

ACLARACIONES OPORTUNAS

Estimado lector: inicialmente nos gustaría expresar nuestro mayor agradecimiento por su preciosa atención. Este libro retrata acontecimientos de la vida humana, enmarcados en escenarios cotidianos. Nadie ignora que la vida está hecha de tristezas y alegrías, de fracasos y de éxitos. Precisamente en estas constantes mutaciones, incompatibles entre sí, encontramos el soporte para el desarrollo de esta novela.

Los cuadros de alegría y tristeza colorean la vida humana, creando ángulos de luz y sombra. Las alternativas marcan las acciones y las valoran. Cada paso, cada episodio, va madurando progresivamente al ser humano, volviéndolo susceptible de progresar, interesándose aun más por su propia evolución, que se producirá con el tiempo, en la identificación de la criatura con el Creador.

Cuando las personas están verdaderamente saturadas de las cosas engañosas, transitorias y perecederas del mundo, buscan ansiosamente otros recursos para construirse espiritualmente. En las fases dolorosas del camino terrenal de cada individuo, el alma recurre a las realizaciones eternas con el deseo de crecer íntimamente y poder, en consecuencia, realizar algo que pueda justificar la concesión de la existencia que disfruta por la misericordia divina.

Los acontecimientos descritos, aunque no son inusuales, enriquecen la historia, asemejándose a sabrosos manjares ya familiares a nuestras papilas gustativas, pero que; sin embargo, son apetecibles. Los protagonistas vivieron momentos de euforia y sufrimiento. Sembraron cardos y cosecharon aflicciones. Vivían en situaciones ilusorias, dejándose llevar con relativa facilidad por las adquisiciones que más hablan a los cinco sentidos; luego ocurrió inevitablemente lo contrario de la moneda: despertados a los valores auténticos, se familiarizaron con las asperezas del camino, afinando así su espíritu.

Supieron perseverar, logrando la victoria en las importantes batallas emprendidas, que representan nobles ejemplos y normas seguras para nuestras vidas, que aun se encuentran muy convulsionadas por situaciones difíciles y dolorosas, reflejo de actitudes y obras reprobables por nosotros en el pasado. Sin embargo, tengamos presente que nadie quedará irremediablemente perdido; quien nos dice esto es Jesús, Maestro de maestros – Lucas 15:6 y 7.

Un poco de nuestras vidas quedan registradas en las páginas de "Cautivos del Pasado", unas veces vividas por un personaje y otras por otro. Sin embargo, vale la pena agregar que cualquier similitud será solo una coincidencia. No tomamos la vida de nadie como guion de la narración.

Finalmente, nos gustaría aclarar que la preparación de este libro contó, como era de esperar, con la invaluable colaboración de los benefactores espirituales, quienes nos ayudaron a través de la intuición. Los éxitos, por tanto, son de ellos, a quienes les agradecemos su valioso apoyo; las faltas obviamente son nuestras, por eso pedimos disculpas.

Que Jesús nos bendiga a todos.

El autor

1 EL NACIMIENTO DE TIAGO

– ¿Podemos entrar? – Preguntó Luísa, abriendo la puerta de la maternidad donde ingresaron a Júlia.

– Naturalmente, el placer de recibirlos es todo mío – dijo Júlia, cuyo rostro mostraba la alegría que había en su alma sensible y buena.

– Y el niño, ¿dónde está? Queremos verlo. ¡Dicen que es hermoso y fuerte!

– Tiago está en la guardería. Ese es su nombre; para un niño hermoso, un nombre hermoso, ¿no crees?

Todos estuvieron de acuerdo. Luísa era muy amiga de Júlia. La acompañaban dos jóvenes, también compañeras de la hospitalizada, que compartían su alegría.

– ¿Cómo recibió Jorge a Tiago? Según decían estaba esperando una niña ¿no? – Dijo Laura, una de las jóvenes presentes, queriendo jugar con Júlia.

– Jorge está más que feliz, incluso ganó varias apuestas en el trabajo. Por la noche viene a visitarnos a Tiago y a mí.

Júlia llevaba dos años casada y esperaba ansiosa la visita de la "cigüeña." Tanto ella como Jorge eran descendientes de familias adineradas. El marido trabajaba para ocupar su tiempo, no tenía necesidad de eso. Vivían en una rica mansión ubicada en un barrio exclusivo de la ciudad. Tenían muchas propiedades, además de considerables depósitos invertidos en establecimientos financieros locales.

Júlia tenía veintidós años y Jorge veinticinco. Hacían una hermosa pareja. Ella es rubia, él es moreno. Tenían todo lo que podía hacer feliz a alguien en un matrimonio. Tiago llegó en el momento oportuno para coronar de alegría aquellos corazones amigos y fraternos. Una casa sin niños es lo mismo que un jardín sin flores. El color y el perfume de la vida no existen.

Jorge es dueño de varias empresas de transporte de carga pesada, trabaja únicamente en el área administrativa. Está a la vanguardia de todo lo que ocurre bajo su atenta mirada. Los empleados ganan bien y nunca han tenido motivos para rebelarse contra su correcta administración, que siempre ha buscado la justicia.

Júlia, de la misma manera, siempre fue justa y pródiga en las atenciones con todos los sirvientes de su casa, por lo que siempre fue estimada, mucho menos como jefa y mucho más como una amiga interesada en solucionar los problemas de todos, desinteresadamente.

Fue en este ambiente feliz que Tiago creció, recibiendo demostraciones de amor de todos los que convivieron con él; nunca conoció ningún tipo de dificultad, siempre tuvo sus propios deseos cumplidos, a pesar que muchos de ellos eran inconvenientes y perjudiciales. Era un niño difícil de tratar, precisamente por los excesivos mimos que recibía de sus padres, que tanto lo querían.

Demasiado amor también trae daño. En la vida todo hay que medirlo y compartirlo. Las distribuciones equitativas de bienes deben merecer nuestra mayor atención. Los valores, cuando se concentran egoístamente, producen daño. En cambio, bien gestionadas para todos, producen vida y prosperidad, similares a manantiales de agua dulce que sacian la sed de los viajeros cansados que siguen los caminos del mundo. El agua también fertiliza los campos, beneficiando cultivos prometedores, esenciales para la preservación de la vida.

Tiago era objeto de todas las atenciones, no se veía frustrado en absoluto, aunque sus deseos fueran absurdos, por el hecho que era un niño y no sabía evaluar las cosas. Los padres opinaron que con el paso de los años todo tendería a normalizarse. Después de todo, era un niño sano e inteligente.

Asistió a buenas escuelas, pero no siempre demostró ser un buen estudiante. Solo tenía una aplicación razonable en los estudios; le gustaba más divertirse con sus compañeros. Al final de cada año, enfrentaba dificultades para alcanzar el promedio necesario para pasar al siguiente grado. Cuando se le preguntó al respecto, dijo:

– No les agrado a los profesores, no sé por qué. Soy tan diligente como otros que disfrutan de sus preferencias y obtienen buenas notas.

Resulta que en lugar de estudiar las materias, Tiago siempre estaba jugando con sus amigos. Estudiaba solo lo necesario, nada más. Los demás compañeros se aplicaron a materias escolares.

A los dieciocho años, cuando completó 2º grado, exigió a sus padres una motocicleta como regalo de graduación, lo que fue prontamente respondido. ¡Los padres no supieron decirle que no! Por otro lado, Júlia no pudo tener más hijos, sus condiciones físicas no permitían tener otros descendientes, debido a la larga operación a la que fuera sometida. De ahí el amor desmedido por Tiago, el único hijo de la pareja. Vieron en él la continuación de sus vidas. Las aguas que fertilizan los campos, en grandes cantidades, lo aniquilan todo, devastando los campos prometedores. Hay venenos letales que en pequeñas dosis son medicamentos que salvan vidas.

Dentro del hogar a Tiago no le pedían nada, lo recibía todo, no podía evaluar el valor de las cosas, la magnitud de los beneficios que disfrutaba. ¿Era su culpa? ¡No! La culpa fue de sus padres quienes, lamentablemente, no supieron educarlo para que tuviera éxito en el futuro, cuando se presentaron obstáculos en el camino que requirieron esfuerzos para superarlos.

Los padres deben ser amigos de sus hijos, preparándolos para los duros caminos, transmitiéndoles valores auténticos, que evidentemente no son materiales, sino el conocimiento de la verdad y el hábito de practicar la ley del amor.

2 ACCIDENTE GRAVE

Como Tiago siempre tuvo todo lo necesario, pensó que sería conveniente abandonar sus estudios. Después de todo, quería disfrutar de la vida. ¿Para qué estudiar? Sus padres eran ricos y nunca dejarían de cumplir sus órdenes. Cuántas veces monólogo:

– La vida es buena para quien sabe disfrutarla, sobre todo cuando se es joven y sano.

Con su moto, acompañado de imprudentes compañeros, recorría la ciudad en todas direcciones, incluso realizando carreras locas por las carreteras en busca de sensaciones insólitas. Todo era una fiesta, motivo de risas sarcásticas de quienes solo piensan en bromas y tonterías.

Innumerables veces planearon juegos inconvenientes en los que participaban otras personas, solo para divertirse a expensas de los demás. Eran conocidos como "los hijitos de papá", siempre buscaban problemas y luego se alejaban a toda velocidad en sus ruidosas motocicletas, haciendo la vida de otras personas un infierno.

El propósito de las reencarnaciones en la Tierra es el progreso intelectual, moral y espiritual de los seres humanos. Además, por supuesto, del reembolso de las deudas que se hayan podido contraer en vidas anteriores, de las que nadie puede escapar, dada la más perfecta ley divina que rige el Universo, en la plenitud de su grandeza. Todos los retornos al paisaje terrestre tienen como objetivo alcanzar dichos valores. Sin embargo, después de regresar, los espíritus terminan abandonando los compromisos que habían asumido anteriormente, y se sienten atraídos por las facilidades de todos los matices que el mundo ofrece a los que no están preparados espiritualmente. Las cosas con los pies en la tierra hablan más fuerte a los sentidos humanos, debido a la inferioridad que aun existe en cada criatura. Se olvidan los valores legítimos, cuando debería ocurrir exactamente lo contrario, sobre todo porque la verdadera vida es, sin duda, lo espiritual.

Estamos aquí en la Tierra por un breve período de aprendizaje, para luego poder disfrutar de algo mejor, más acorde a las leyes eternas. Los jóvenes de hoy, en su mayoría, albergan pensamientos frívolos e ilusiones fugaces, dejándose llevar sin estar preparados por atajos tortuosos que serán difíciles de abandonar en el futuro. Difícil, sí; imposible, ¡no!

La reencarnación representa una nueva oportunidad de recapitular experiencias fallidas, que de ninguna manera deben ser ignoradas, para aquellos que realmente quieren evolucionar, que quieren alcanzar adquisiciones eternas capaces de hacerlos libres y felices sin limitación alguna.

Desafortunadamente, las glorias del mundo terminan por convertir a muchos en ganadores materiales, quienes luego inevitablemente lamentarán el tiempo perdido y esperarán ansiosamente una nueva experiencia de rehabilitación moral y espiritual.

Con Tiago pasó lo mismo. Demasiado comprometido con las leyes mayores, prometió volver para corregir errores, pagar deudas, expiar crímenes, además de luchar por conquistar la verdad que libere el corazón de las sombras de la retaguardia. Sin embargo, rodeado de excesivas manifestaciones de amor, buscaba constantemente las cosas fáciles, que tanto gratifican los sentidos humanos, anestesiando la conciencia, dificultando la asimilación de las lecciones de la luz.

El tiempo pasó rápidamente. Tiago tenía ya veinte años, seguía llevando la misma vida loca, en compañía de sus intrascendentes amigos. Incluso parecía que estaba adivinando su futuro y tratando de disfrutar la vida tanto como fuera posible, considerando los dolorosos acontecimientos que pronto sucederían en su existencia.

Una mañana hizo la mochila y les dijo a sus padres que se iba a ir, hacer un viaje largo por Brasil y que no lo esperaran, porque tardaría. Viajaría sin rumbo en una auténtica aventura, quería conocer otras personas, otras costumbres.

– No se preocupen por mí, sé lo que estoy haciendo. Llevo conmigo todo lo que necesito – informó a sus padres, dándoles un beso de despedida.

La moto hizo un fuerte ruido y Tiago se fue a buscar otros lugares. Viajó solo, algunos de sus amigos no contaban con recursos económicos en ese momento y otros estaban atados a compromisos urgentes.

Viajó de día, durmió de noche, reponiendo así la energía física gastada en la aventura. Luego de una semana de viaje, cuando circulaba por una vía poco transitada, para evitar un grave choque con un animal que cruzaba la vía, mientras realizaba una rápida maniobra, la motocicleta descontrolada fue arrojada a un abismo. Al llegar al pie del acantilado, el joven se golpeó violentamente la cabeza contra una roca, dejándolo inconsciente. El vehículo quedó completamente destrozado, quedando irrecuperable. Permaneció inconsciente durante algún tiempo; luego volvió en sí, se sentó y trató de evaluar la situación. No recordaba nada, le dolía el cuerpo y sentía un dolor intenso en la cabeza. Se levantó con mucha dificultad, estaba aturdido, intentó caminar, sus piernas se movían con dificultad, aun así tomando fuerzas comenzó a salir del lugar para buscar un camino y pedir ayuda. Después de esfuerzos sin precedentes, cayendo y levantándose muchas veces, encontró un atajo; ya era algo.

Del atajo llegó a un camino de terracería, caminó más, tal vez unas horas, hasta llegar finalmente a una carretera asfaltada, aunque no muy transitada, pero ya era un logro.

Se sentó al costado del camino, con el fin de reunir energía física y luego pedir ayuda a cualquiera que pasara por ese camino casi desierto. Todo le resultaba extraño, no sabía decir adónde iba ni de dónde venía. Le dolía la cabeza y sentía temblores en todo el cuerpo. ¿A quién debo pedir ayuda? Todo era dolor y soledad; se sintió débil.

3 LENA, LA AYUDA PROVIDENCIAL

– Joven… joven… ¿estás enfermo? ¿Qué te pasó? – Preguntó el vagabundo.

– Estoy herido, no sé qué me pasó... Me golpeé la cabeza con algo muy fuerte – respondió levantando la cabeza para identificar quién le hablaba.

–¿Cómo te llamas? Mi nombre es Lena, vivo cerca.

– El mío no sé; después de lo que me pasó, lo olvidé todo. El pasado para mí no existe.

No sé de dónde vengo ni a dónde voy. ¡Mi cabeza está vacía!

La niña, con cierta dosis de humor y creyendo lo que decía el joven, comentó:

– Mientras no recuerdes tu nombre real, te llamaré Juan, ¿vale?

– Podría ser. En este momento solo necesito ayuda, tengo un fuerte dolor en la cabeza.

Lena miró la herida, había mucho edema. No había ayuda cerca y era urgente hacer algo.

– Vivo en una cabaña allá arriba, debajo de ese árbol frondoso – dijo Lena, señalando en la dirección con el dedo índice de su mano derecha.

Juan miró, era difícil llegar hasta allí, pero necesitaba ir de todos modos. Haciendo acopio de fuerzas, apoyado por Lena, subió lentamente hasta llegar a la puerta de la casa.

– Ya encontré esta choza lista. Quien vivía aquí se fue, dejando incluso algo de ropa que debería servirte – aclaró Lena, haciendo entrar a Juan.

Allí sin duda vivía la pobreza, no había nada, solo algunas de sus pertenencias, una cinta de correr en pésimas condiciones, algunas cacerolas, ropa sucia en los rincones. Sobre una silla un recipiente con agua.

– Acuéstate sobre esta colchoneta. Voy a calentar un poco de agua y vendar la herida.

Juan se acostó, estaba exhausto y con fiebre. Lena limpió la herida, calentó unos paños en agua y los colocó sobre la cabeza de Juan. Luego preparó un té con unas hierbas silvestres y le dio de beber al muchacho. Juan estuvo una semana entre la vida y la muerte, la fiebre no bajaba, estuvo delirando todo el tiempo. Lena continuó aplicando paños empapados en agua caliente sobre la herida y dando de beber el té que le preparaba.

Juan, cada día que pasaba, se debilitaba más. El estado de salud del chico era delicado, sin cambios. Después de una semana de trabajo agotador para reequilibrarse, Juan dio señales que se iba a recuperar. La fiebre desapareció, el dolor disminuyó mucho, volvió el apetito.

– ¡Buena señal! – Dijo Lena alegremente. Ganamos el desfile, ahora solo nos queda recuperar nuestra energía física, mientras tanto el resto del dolor desaparecerá... ¡Gracias a Dios!

Con el paso de los días, la amistad entre ambos se hizo cada vez más fuerte. Había muchos puntos en común entre ellos. Una vez Juan preguntó:

– Lena, ¿de dónde sacas lo que necesitas para sobrevivir? Es cierto que la vida aquí es muy sencilla, pero siempre hace falta algo.

– Sin duda... El agua, por ejemplo, no está muy lejos, basta bajar y cruzar la carretera, tomar un atajo y después de caminar unos cinco metros tenemos un punto de agua fresca y pura. Quien construyó la choza conocía bien este lugar y demostró inteligencia. Verás, la choza está aquí arriba, un lugar de difícil acceso y protegido por el árbol –. Lena hizo una breve pausa, luego continuó hablando y continuó:

– Cada vez que bajo a buscar agua, me detengo en el camino y pido ayuda a quien pasa. Hay pocos coches, la carretera apenas tiene tráfico, pero siempre paran y la gente me ayuda en algo. Mi apariencia no inspira sospechas. ¿Qué puede hacer una pobre mujer andrajosa en este lugar solitario? De esta manera puedo conseguir algo de comida, ropa y zapatos usados. Es justo lo que necesito.

–Pero siempre necesitas otras cositas, por ejemplo: cerillas, alguna medicina...

– Cuando eso pasa – interrumpió Lena – voy a un pueblo cercano a aquí; está a unos cinco kilómetros de distancia. El camino está al otro lado de la choza, tengo todos los cuidados posibles para no ser vista por estos lados, no quiero que nadie me moleste. Voy al pueblo, como dije, y pido limosna en la plaza y en las escaleras de entrada de la iglesia. Con lo poco que consigo compro lo que necesito y vuelvo aquí.

– ¿Hace mucho que estás aquí? – Preguntó Juan.

– Cuánto tiempo, no lo sé, tal vez un año. Cuando llegué, esa ceiba estaba en flor y ahora también, de ahí mi conclusión que ya han pasado doce meses. Esta ha sido mi vida. Sin responsabilidades y compromisos, lejos de todo y de todos.

Lena bajó la cabeza y dos lágrimas cayeron de sus ojos. Juan respetó su silencio. Aquella mujer desconocida despertó su cariño. Sus palabras llenas de tristeza tocaron las fibras más íntimas de su alma sufrida.

Lena probablemente tenía la misma edad que él, pero demostró que había vivido mucho más, habiendo acumulado experiencias dolorosas a lo largo de su vida. En ese momento de sus meditaciones, Juan pensó:

– Me gustaría conocer el pasado de esta pobre e ignorada mujer.

4 SUEÑOS Y FRACASO

Al día siguiente, muy temprano, Lena salió a la carretera, como solía hacer, con el objetivo de conseguir algunos recursos y sacar agua fresca del punto. De los pocos coches que pasaban, solo dos se detuvieron; sus ocupantes dieron algo de dinero, nada más. Fue necesario ir al pueblo cercano a buscar algo para comer. El dinero no era mucho, pero siempre alcanzaba para comprar algo de comida.

Por la tarde, Lena fue al pueblo acompañada de Juan, que mostraba una notable mejoría. La herida ya no dolía, solo persistía una ligera presión en la cabeza, la hinchazón iba bajando. En el pueblo; sin embargo, cada uno tenía que seguir un camino diferente, para no ser vistos juntos, lo que dificultaba la obtención de limosna. Al final del día, ambos regresaban a la choza junto con la comida necesaria.

Juan pasó gran parte de la tarde sentado en uno de los bancos del jardincito, mientras Lena recogía las ayudas que la gente ya estaba acostumbrada a brindarle. Era muy conocida en la localidad y la gente la estimaba por su humildad; a pesar de las terribles condiciones, muchos incluso preguntaron:

– ¡Lena, hace muchos días que no estás por aquí! ¿Por qué? ¿Has estado enferma? – O, en broma, decían: – Te estás haciendo rica, ¿ya no nos necesitas?

Lena sonreía, le gustaba esa gente comprensiva y buena. Al final del día compraron lo que necesitaban y luego regresaron a la choza. Durante el trayecto, Juan encontró dos libros en la acera, debajo de una ventana; los recogió y se los llevó a casa. No pudo valorar el valor de las obras, porque no sabía leer – lo había olvidado, debido a la amnesia profunda y anterógrada que sufriría –, pero un libro es casi siempre un buen amigo, dispuesto a ofrecer alguna aclaración sin exigir nada a cambio. Lo poco que traían lo guardaban en casa. Lena preparó té que bebieron ambos, acompañado de un trozo de pan duro. Después de recuperarse del cansancio, Juan buscó el diálogo, preguntando:

– Lena, me gustaría saber algo sobre tu vida. Desgraciadamente, no puedo contarte nada sobre la mía; es como si mi vida comenzara el día que me encontraste herido al costado del camino.

– Mi vida no tiene nada bueno o único que pueda interesarte. Soy hija de una familia de clase media, no rica, pero dotada de todo lo imaginable para vivir cómodamente, sin problemas económicos. Siempre fui una chica difícil, buscaba mis derechos olvidando mis deberes, me quejaba demasiado, para mí todo estaba mal, lo correcto era lo que pensaba y exigía. Mis pobres padres se encontraron luchando por ayudarme. Fue queja tras queja.

Lena hizo una breve pausa para recordar los principales momentos de su vida y narrarlos, cumpliendo así los deseos de Juan. Luego, retomando el discurso, continuó:

– A los dieciocho años ya no soportaba la vida en casa. Encontré un compañero, tenía cuarenta años, un hombre con mucha trayectoria y experiencia, que quería, sobre todo, descansar. Después de todo, dejé mi hogar para ganar libertad y no para vivir en cautiverio. Por eso discutíamos mucho, de ninguna manera mis puntos de vista encajaban con los de él. ¡Eso no era vida! Con cada desacuerdo la distancia entre nosotros aumentaba aun más. Lo sabes, ¿no, Juan? "Duro con duro no hace un buen muro", dice la sabiduría popular. Después de unos meses le informé que lo iba a dejar, tenía la intención de mudarme a otra ciudad y vivir otra vida. Él me respondió: "Piénsalo; te vas para nunca volver. ¡No tengo dos caras, conmigo no hay reconciliación!"

– Lena, ¿no lo has visto desde entonces?

– No. Mi vida tomó rumbos diferentes. Abandonando mi compromiso familiar, dejé la ciudad y me fui a otro lugar en busca de nuevos caminos. Juan, fue entonces cuando comencé a sentir la dureza de la vida. Simplemente evalúa: sin nada, solo la ropa que llevas puesta, sin amigos, sin apoyo. Como yo era hermosa, no faltaron las invitaciones degradantes. Al principio rechacé con vehemencia a todos, esta situación me causaba repulsión y ¿por qué no decirlo? ¡Asco! No faltaron hombres inhumanos, interesados en el disfrute puramente material y la satisfacción de sus pasiones, aunque todo ello causara daño a sus semejantes – Lena hizo una breve pausa y luego continuó:

– Mi resistencia fue pequeña, porque la necesidad era grande. Cedí a las invitaciones. Me prostituí. A partir de entonces tuve todas mis necesidades cubiertas, viví libremente, sin preocupaciones materiales, pero con la conciencia ennegrecida. Había violado mi cuerpo, lo había profanado. Mi alma estaba disgustada por lo que me obligaron a hacer para sobrevivir.

– Sí, Lena, no fue fácil. Me imagino tu sufrimiento...

– ¡El hombre con el que viví unos meses era un animal! Incluso intentó comerciar con mi cuerpo, ganarse la vida con mí. Esa fue la última gota. Hui una vez más, desorientada e infeliz, casi enloqueciendo. Me aislé de las ciudades, accedí a las carreteras y comencé a vivir como ya sabes, sin destino.

– Lena, ¿cuántos años llevas en esta vida? – Preguntó Juan.

– No puedo decirlo, no conozco el calendario mundial. Tengo la impresión que llevo aproximadamente dos años en este sufrimiento, pero es mucho mejor que ser explotada por sinvergüenzas de última generación.

5 MENSAJE DE LENA

– Lena, si los años pudieran retroceder y ahora estuvieras con tus padres, ¿cuál sería tu comportamiento ante la experiencia adquirida? – Preguntó Juan.

– Nunca haría lo que hice. La gran mayoría de niños que están insatisfechos con sus padres están totalmente equivocados. No preparados para la vida, creen que lo saben todo, que son dueños de la verdad, que sus padres, los pobres, son "cuadrados", cuando las cosas son muy diferentes. Los padres son siempre los mejores amigos de sus hijos, siempre dispuestos a ofrecerlo todo a cambio de nada. Dan cariño, comprensión, cariño, amor... ¿Y qué reciben...? ¡solo ingratitud!

– No conozco tu pasado, pero aun así digo que mi comportamiento no debería haber sido diferente al que señalaste, de lo contrario no estaría aquí, llorando mi dolor. Lo único bueno que me pasó fue conocerte. Te debo la vida, si no fuera por tu cuidado fraternal, hace tiempo que habría desaparecido para siempre, sin dejar rastro.

– No te arrepientas, al fin y al cabo estamos vivos, eso es lo que importa. Seguiremos siendo felices, algo me dice en el fondo de mi corazón que esta etapa difícil será superada. Soy bastante optimista, no me preguntes por qué, no lo sabría decir, pero confío en mi destino, ¡eso es todo!

Juan y Lena hablaron mucho. La amistad entre los dos se hizo cada vez más estrecha. Uno era el apoyo del otro. Se complementaban como dos hermanos que realmente se estiman.

– Los jóvenes de hoy deberían pensarlo mucho antes de abandonar sus hogares, dejando a sus padres desesperados y muchas veces volviéndose locos. Toda siembra del mal producirá sufrimiento algún día, tarde o temprano, como me está sucediendo actualmente. Lo siento mucho, no vuelvo a casa de mis padres porque tengo miedo de las noticias que me puedan dar. Cuando salí de casa estaban enfermos, así que ahora no será nada nuevo si me entero de su muerte, lo que para mí será un castigo importante.

Por eso, trato de no saber qué pudo haber pasado desde aquella fecha aciaga en la que, tomando una iniciativa de lo más reprobable, los abandoné para siempre, dejándolos a su suerte.

Lena dejó de hablar por un momento. Se secó dos lágrimas que caían obstinadamente de sus ojos, luego, recuperando el ánimo, añadió:

– Sí, Juan, he sufrido mucho, pero no me quejo de ninguna manera. Mi vida es una consecuencia natural de mi inmadurez y rebelión. ¡Cómo me compliqué la existencia! Existe una posibilidad muy remota de rehabilitarme a los ojos de la sociedad. Ante Dios, eso creo. Para mí, Él es un Padre de amor y de ninguna manera rechaza a Sus hijos, siempre que sean sinceros y arrepentidos. Tengo una concepción de Dios diferente a la que conoce el mundo, de ahí el motivo de mi tranquilidad. Nunca he robado ni cometido nada que pueda ser castigado, excepto, por supuesto, engañar a mis padres. Me prostituí, sí, pero por absoluta necesidad. Hoy; sin embargo, siento que mi cuerpo ya no está sucio y también sé que mi espíritu nunca ha sido manchado con la inmundicia de los hombres. Esa es la verdad. Sé que para Dios estoy limpia, eso es lo que cuenta, ¡nada más!

Juan, aprovechando la oportunidad, cambiando de tema, preguntó:

– Lena, ¿me enseñarás a leer?

– No me gusta leer, sé muy poco, pero te enseño lo que sé. Ve mañana al pueblo y compra un lápiz y una libreta. Ya tenemos los libros, los que encontraste en la acera. La escritura es pequeña, pero afortunadamente podemos verla bien, ¿verdad?

Al día siguiente Juan fue a la ciudad y compró lo necesario para empezar a aprender a leer. Lena estaba muy interesada en enseñarle y, con la buena voluntad de su amigo, no fue nada difícil. Después de unos meses y debido a su interés por aprender a leer, Juan finalmente logró su objetivo. Al principio, vacilante, sin entender lo que leía, pues no observaba bien las puntuaciones, luego todo se fue haciendo más fácil, sobre todo porque poco a poco fue aumentando su interés por la lectura. Las lecciones de los libros capturaron su mente debido a las verdades que contenían.

– Lena, qué maravillosas enseñanzas tienen estos libros. ¿Cómo alguien tuvo el coraje de tirarlos? ¡Es un tesoro de valor incalculable! Incluso hoy estaba pensando, como los hombres no saben lo que quieren, tiran las cosas buenas y se quedan con las que no sirven. ¡Incluso puedo apostar que quien los juzgó tiene un montón de cosas inútiles en casa, que no tienen ningún valor, mientras que estos libros con las lecciones ligeras que contienen fueron arrojados a la calle sin piedad!

– Estás siendo un desagradecido. ¿Alguna vez lo has pensado, si no lo hubiera hecho quien se deshizo de ellos, tendrías hoy la dicha de hojear sus hermosas páginas?

– ¡Lena, es cierto! Gracias a Dios corrieron la suerte de la vereda. Miren como las cosas tienen diferentes ángulos, lo que a este amigo desconocido le vino bien, botándolos, también lo hizo a mí. Si él los conservara egoístamente, ahora no los tendría en mi poder.

Los benefactores espirituales siempre nos ayudan de mil maneras: un diálogo con un amigo, un sueño, un libro, etc.

La verdad es que no existe el azar. Seamos, por tanto, inteligentes, aceptando con amor los avisos espirituales y siguiéndolos con fidelidad y perseverancia.

El querido lector a estas alturas ya debe tener curiosidad, querer saber los títulos de los libros, ¿no? *El Evangelio según el Espiritismo* y *El Libro de los Espíritus,* ambos de Allan Kardec.

6 LOS "TRABAJADORES DEL CAMINO"

Durante ese período, en su residencia, Jorge y Júlia estaban desesperados por la desaparición de Tiago, pues había pasado un año sin saber nada de él. Al principio, la confianza dominó los corazones. Tiago era dado a estas demostraciones de desapego de su familia. Le gustaba estar en compañía de amigos lejos de casa, en peligrosas aventuras recorriendo las carreteras en su motocicleta.

Luego de unos meses de su partida, sin noticias, los padres pusieron el caso en conocimiento de las autoridades policiales, quienes acudieron al lugar para realizar las investigaciones necesarias, sin lograr; sin embargo, ningún resultado positivo. Así, las investigaciones no fueron cerradas, sino suspendidas, dada la pequeña fuerza policial. El comisario a cargo del caso hablando con Jorge le dijo:

– Esperemos alguna novedad para reiniciar las investigaciones. Si tiene alguna novedad sobre esto, háganoslo saber lo antes posible.

– Sin duda. Gracias por su atención – concluyó Jorge.

Las cosas eran así. Tiago había desaparecido definitivamente, sin dejar rastro. La familia estaba llorando, lamentando su ausencia, esperando verlo cruzar la puerta en cualquier momento, sano y salvo, para alegría de todos.

Para salir de dudas vale aclarar que Jorge y Júlia, en una existencia pasada, fueron los responsables directos del traslado de un joven de su casa, dejando a sus padres llorando durante mucho tiempo. Ahora se cumplió plenamente la Ley de Causa y Efecto o Acción y Reacción, demostrando la sabiduría y justicia divina. Jesús sobre el tema afirmó: *"...a cada uno según sus obras."* - Mateo 16:27.

La pareja, al ver frustradas sus esperanzas de ver a su amado hijo, ya no encontró la alegría de divertirse con familiares y amigos en las reuniones sociales. La alegría que alguna vez reinó en sus corazones había dado paso a una dura tristeza y con ella la temprana vejez no se hizo esperar. Sus cabellos se volvieron grises, aparecieron arrugas ante el asombro de muchos, pues sabían que tanto Jorge como Júlia no eran viejos.

Los momentos de amargura que tanto hacen sufrir a las personas, las separan de las cosas del mundo y las acercan a las cosas de Dios. En realidad, esto es lo que les pasó a los padres de Tiago. Se aficionaron a las verdades cristianas y fueron en busca de otros recursos; es decir, la verdadera fuente de la vida. Dejaron los principios estrechos de miras y obsoletos de las religiones tradicionalistas. Al principio un poco desorientados, luego aceptando la opinión de auténticos amigos y bajo la guía de mentores espirituales, que nunca se omiten en tales ocasiones, llegaron, consumidos por la amargura, al Centro Espírita "Trabajadores del Camino."

Los "Trabajadores del Camino" acogieron a todos con gran fraternidad y calidez humana, buscando satisfacer las necesidades reales de las personas. El presidente, el hermano Teófilo, siempre dijo que la religión de Jesús era la del amor incondicional y desinteresado, que debía residir en los corazones humanos, creando el reino de Dios entre los seres humanos, para la liberación y felicidad de todos.

Las palabras del hermano Teófilo fueron convincentes y lógicas, respondiendo a las preguntas que le formularon, sin dejar lugar a dudas. Estaban perfectamente en sintonía con las lecciones de Cristo y los principios espiritistas.

Los padres de Tiago, desde el principio, se sintieron bien. La acogida cristiana había despertado en sus corazones respeto, confianza e interés por conocer todo el movimiento espírita. Comenzaron a leer las obras de la Codificación y a asistir a conferencias doctrinarias. Con el paso del tiempo, más y más personas saciaron su sed de conocimiento y consuelo. Inteligentes como eran, pronto se dieron cuenta de la grandeza de las enseñanzas del Espiritismo, que resistieron firmemente los ataques gratuitos de otras corrientes religiosas, ofreciendo siempre los argumentos más legítimos a favor de la verdad que libera de una vez por todas.

De habituales pasaron a ser colaboradores activos de las actividades de "Trabajadores del Camino", colocándose al frente de cualquier movimiento que beneficiara a los desanimados y a los que sufren en esas paradas. Se sentían felices sirviendo a los afligidos, tratando de minimizar sus dolores y heridas o curándolos, cuando Dios lo permitía.

La comprensión de los conceptos de la Ley Divina disipó la tristeza de sus almas doloridas, en su lugar surgió el florecimiento de nuevas esperanzas, ahora basadas en la fe legítima, la capaz de "mover montañas" - Mateo 17:20. No montañas de piedra y tierra, sino montañas de imperfecciones y males centenarios que aun prosperan en los corazones humanos.

Algo muy dentro de ellos decía que Tiago estaba vivo y que algún día volvería a casa, para su alegría.

Sabrían esperar, trabajando en beneficio de los necesitados y afligidos que recurrían a "Trabajadores del Camino."

El apóstol Pedro fue muy sabio cuando afirmó: ."..la caridad cubrirá multitud de pecados" (I Pedro 4:8).

7 EVENTOS INESPERADOS

Juan llevaba dos años viviendo en la choza con Lena, sin nada nuevo, todo era rutina. A los dos les gustaba hablar de los acontecimientos insólitos que marcaron sus vidas. Ahora sus mentes ya admitían la innegable grandeza de Dios, a través de sus infinitos atributos de Sabiduría, Misericordia y Justicia.

El Evangelio según el Espiritismo era cotidiano.' obligados, para gozo y madurez espiritual de ambos, quienes finalmente encontraron el camino, la verdad y la vida, en sus lecciones de luz eterna. Un día, temprano en la mañana, Juan le dijo a Lena:

– Ya estoy cansado de esta vida... Necesito buscar otras motivaciones para vivir y, al mismo tiempo, realizar mis ideales. Nunca pensé en quedarme quieto, estancado. Necesito actividades que satisfagan mis deseos de progreso y liberación.

– Yo también pienso lo mismo, tengo idénticos deseos. La vida que llevamos no soluciona nuestros verdaderos problemas. Es muy monótono e insulso, sin actividades constructivas.

– Si piensas como yo – dijo Juan –, prepara las cosas, mañana temprano saldremos de este escenario en busca de un nuevo destino. No podemos permanecer más aislados de la comunidad.

Al día siguiente, siguiendo el acuerdo, emprendieron el camino llevando solo sus pertenencias, lo que habían encontrado en la choza al llegar estaba naturalmente a disposición de cualquier otra persona que estuviera perdida por aquellos lares, necesitada de esa casa. El día fue maravilloso. Cielo azul... ¡mucho sol! Una ligera brisa besó sus mejillas, acariciándolas, como felicitándolas por la decisión acertada del día anterior. Después de recorrer unos kilómetros

Encontraron un camión estacionado al costado de la carretera. Sus ocupantes interrumpieron su recorrido para tomar un refrigerio. El vehículo iba lleno de alimentos que tenían como destino una finca lejana.

– ¿Adónde vas? – Preguntó uno de los hombres del grupo.

– ¿Tan perdido?

– Perdido no es exactamente el término. Buscamos una ciudad que nos pueda acoger. Deseamos trabajar y vivir honestamente – respondió Juan.

– ¿No tienes familiares y amigos? ¿Están casados?

– Lamentablemente, estamos solos en el mundo. |Solo somos buenos amigos. Combinamos nuestra tristeza y en lugar de aumentar, disminuyó significativamente – Juan filosofó.

El grupo estaba formado por tres hombres que se alejaron unos pasos para hablar en voz baja para que Juan y Lena no escucharan aquello en lo que pretendían ponerse de acuerdo.

– Son dos jóvenes fuertes, sin nadie detrás y tan ocupados trabajando que parece que "se les ha caído la suerte en la sopa." El jefe necesita más manos en la granja, para trabajar. ¿Qué opinas?

– Alcalde. Llevemos a los chicos allí. El jefe estará contento con nuestro servicio.

El otro compañero asintió. Los tres estaban de acuerdo. Luego, acercándose a Juan y Lena, dijeron:– Conocemos un lugar donde puedes encontrar lo que buscas. Te llevaremos allí. |Solo súbete al camión.

– Dios está a nuestro lado, ayudándonos a resolver problemas que hasta entonces eran difíciles – le dijo Juan a Lena, sonriendo.

Luego todos subieron al vehículo. Juan y Lena arriba, en la carrocería. Los tres hombres iban cada mes a la ciudad más cercana a comprar alimentos y otros artículos de primera necesidad para la propiedad rural.

Condujeron durante decenas de kilómetros y finalmente entraron en un camino de tierra, el único camino hacia la granja. Después de otra hora de viaje, si acaso, llegaron a la finca. Todos bajaron, incluidos los dos pasajeros. Juan rápidamente observó que ese lugar no era lo que buscaban. Los trabajadores de "Amanecer" parecían tristes e incluso desnutridos, dando la impresión que fueron tratados de manera inhumana.

– Hay un error, este no es exactamente el lugar que queremos. Ustedes, caballeros, nos mostrarán el camino de regreso y lo seguiremos. Agradecemos el servicio que nos brindaron – dijo Juan, mirando a Lena, que parecía asustada.

– Estás tan equivocado, aquí es donde te quedarás. Tendrán comida y trabajo. Al jefe no le gustan las personas testarudas. Joana, muéstrales a estos chicos sus habitaciones, las que están cerca de la casa grande, no sabemos qué puedes hacer.

Juana se adelantó. Mulata fuerte y con cara de pocos amigos. Sin decir una palabra, les indicó con las manos a los dos que la siguieran. Caminando rápidamente, rodeó la casa grande y se dirigió hacia dos habitaciones desocupadas.

– Llegamos, sin desobediencia. No molestes al jefe. Es un hombre enojado y no perdona a nadie. En caso de fuga, las capas se enganchan fácilmente. La finca está alejada de la carretera.

– ¿Entonces seremos tratados como esclavos? – Preguntó Juan.

– Eso es todo, joven, hasta que el jefe decida lo contrario – respondió Joana, siempre con el ceño fruncido.

8 EXPERIENCIAS DOLOROSAS

Después de ser alojados en las fétidas habitaciones, fueron conducidos ante la presencia del granjero, Sr. Jerónimo. Allí estaban también los tres ocupantes de la camioneta, servidores de confianza del patrón, quienes cumplieron fielmente las absurdas órdenes que recibieron, a cambio de un pago indemnizatorio.

– Di los nombres – preguntó el granjero.

–John.–Lena.

– Es verdad que no tienes familia.

– Sí, sí – respondió Juan, tímidamente.

El granjero miró fijamente a Juan y a Lena, luego, dirigiéndose a los tres secuaces, dijo:

– Por el excelente trabajo que hiciste, te duplicaré el salario este mes. Sigue así y sabré recompensarte. Siempre que se presenten oportunidades como ésta, sepa dar los pasos correctos y no se arrepentirá.

– Cumplimos con nuestro deber – respondió respetuosamente el más truculento de los tres, el que se hacía llamar Toño.

– tonó, estás despedido. Dale servicios a Juan cerca de casa. Joana, lleva a Lena a la cocina, hay mucho que hacer allí. Cuida tus pasos, no tolero la rebelión. Sé ser generoso y también enérgico cuando es necesario. Todos a trabajar... sin cuerpo blando...

Chico, el capataz de la finca, era una persona que gozaba de la total confianza de su jefe. No dudó en castigar cruelmente a cualquiera que cumpliera las órdenes del granjero. Cuando necesitaba castigar a alguien, siempre iba más allá de las órdenes recibidas. chicao se complacía en azotar a los desventurados que caían en sus manos.

En la tarde de ese día, Juan y Lena recibieron su primera comida: una calabaza con dos cucharadas de avena y un trozo de pan negro, horneado hace unos días. No se quejaron, aunque primero era importante comprobar cómo iban a ir las cosas. Lena fue tratada mejor en la cocina, ya que se ocupaba de la comida y la limpieza de los empleados. Juan recibía dos comidas al día; es decir, almuerzo y cena; permitiéndose recibir té por la mañana, acompañado de un trozo del mismo pan.

El trabajo era de lo más agotador, desde el amanecer hasta el atardecer. Nadie podía parar antes, salvo por motivos de enfermedad, ni siquiera alejándose unos días de los cultivos y del trato con los animales. Para ello, Jerónimo contó con la lealtad de su capataz, un hombre con mano de hierro, dado a una violencia increíble.

Pasaron las semanas. Juan apenas habló con Lena y cuando lo hizo fue solo por unos minutos, nada más. Cada uno tenía sus propias tareas distintas en áreas bien

diferente. Vivían muy cerca, pero por las noches sus cuerpos cansados requerían descanso para poder realizar el trabajo del día siguiente, siguiendo siempre la misma rutina.

Los empleados ganaban poco y trabajaban mucho. Los que tenían familia dejaban lo poco que ganaban con su jefe a cambio de un poco más de comida. Jerónimo ejercía una estricta vigilancia sobre todo y sobre todos a través del capataz, quien contaba a su vez con tres elementos de ayuda: los ocupantes del camión en aquel día aciago.

El hacendado tenía dos hijos pequeños: Carlos, de veinticuatro años, que se había formado como contador en una ciudad cercana y actualmente se ocupaba de las notas de todo lo que sucedía en la propiedad, para conocimiento y medidas de su padre, e Izaura, Veinte años, una flor, el encanto de todos, buena y talentosa, se había graduado de maestra al mismo tiempo que su hermano.

Doña Cândida, esposa de Jerónimo, no interfirió en el trabajo de su marido; Sin embargo, en casa era ella quien daba las órdenes y no renunciaría a ello. Estaba enérgica y atenta a todo lo que sucedía en la casa grande. Distribuyó las actividades por igual, dando a los más fuertes los trabajos más duros y a los más débiles las actividades más ligeras. Aunque estaba de acuerdo con el método utilizado por su marido para frenar los abusos, siempre que podía favorecía a sus sirvientes con pequeños favores. Todos la respetaban y estimaban por su actitud vigilante. Izaura se ocupaba de pequeños trabajos y confeccionaba piezas para su ajuar. Hermosa chica, con buenos modales. Jerónimo amaba a sus dos hijos. Eran sus herederos, continuadores de su casa, merecedores de su mejor cariño.

Cabe señalar aquí la excesiva ambición del capataz.

Chico amaba a Izaura. Esperaba tenerla como esposa algún día. La muchacha desconocía este amor; al contrario, le temía por la violencia con que trataba a sus subordinados, cuando éstos cometían pequeños deslices y omisiones justificadas. El capataz pensó que al casarse con Izaura también sería dueño de la propiedad y al morir Carlos, todo pasaría a sus manos, sin obstáculos ni dificultades.

Izaura, por su parte, sentía cariño por Juan, quien siempre se mostraba cumpliendo con sus deberes mínimos y mostraba el comportamiento más digno a la hora de los servicios del día a día. A pesar de llevar una vida de lo más infeliz, Juan nunca dejó ver ningún dolor; por el contrario, alimentó el optimismo respecto de acontecimientos futuros.

Chico no veía con buenos ojos a Juan. En su espantosa pequeñez, sintió en Juan un serio rival a sus irracionales pretensiones, por lo que comenzó a tramar algo que pudiera apartarlo de su camino. Juan tenía en Izaura solo un amigo, nada más, pero el cerebro enfermo del capataz adivinaba cosas que no existían, como solo ocurre con las criaturas malvadas, que se dejan dominar por el egoísmo y el orgullo.

Los acontecimientos siguieron su curso normal en obediencia a la sabia y justa ley divina.

9 SOLICITUD DE LENA

Doña Cândida quería mucho a Lena, con más de seis meses de servicio en la hacienda, por su comportamiento noble, desempeñando sus tareas con habilidad y amor. Nunca la había visto parada, siempre moviéndose tomando las medidas necesarias. Lena, que no era nada estúpida sino más bien inteligente, intentó ganarse la confianza de su jefe, con la intención que también sus deseos se cumplieran. Tan pronto como Lena se dio cuenta que doña Cândida era más accesible, animándose, preguntó:

– Doña Cândida, usted conoce mi cariño por todo esto. Tu familia ahora también es mi familia. |Solo puedo agradecer la acogida fraterna que he recibido; no ha sido así, pero no puedo decir lo contrario en este momento –. Quisiera pedirte un favor muy especial...

– Cuántos desvíos, di lo que quieras; Si puedo con gusto te atenderé. Siento que eres mi amiga, por tu correcto comportamiento aquí en la hacienda – respondió doña Cândida.

– Aquí está la cuestión: Juan y yo somos buenos amigos, nada más. Así que me gustaría que me permitieran visitarte todas las noches, solo durante treinta minutos...

– Tu petición es bastante extraña. Sois empleados del campo, sujetos a las mismas disciplinas – añadió doña Cândida.

– Estoy de acuerdo con usted. Sin embargo, es solo para un breve diálogo y una oración. Estábamos acostumbrados a rezar juntos. Extraño esta práctica...

– Lo sé... lo sé... voy a hablar con mi marido, porque él también necesita estar de acuerdo. No hago nada en secreto, por eso merezco tu total confianza. Sin embargo, ahora puede saber que defenderé su caso.

– Gracias, sabré agradecer tu amabilidad – concluyó Lena, satisfecha. Juan desconocía la intención de Lena y habría sido inmensamente feliz si lo hubiera sabido. Ese mismo día, doña Cândida informó a su marido del pedido de Lena; Éste, al notar el interés de su esposa en asistir, no puso objeción.

– Otorgada; Sin embargo, a la primera desobediencia todo volverá al punto de partida. La visita no deberá exceder la media hora, siempre y cuando no afecte de ninguna manera las actividades de la casa. Mientras sean dignos de la concesión, todo está bien.

Cuando Lena fue a buscar a Juan por la noche y le contó lo sucedido, él se llenó de alegría. A partir de ese momento intentaron siempre disfrutar de los mejores resultados en su breve convivencia. Leyeron las páginas ligeras del Evangelio según el Espiritismo e hicieron rápidos comentarios, luego oraron fervientemente, pidiendo a Jesús fortaleza para sus compañeros en experiencias desgraciadas. Los Mentores Espirituales hicieron de sus humildes hogares sublimados baluartes de amor. Innumerables criaturas recibieron medicinas espirituales adecuadas a sus dolencias sin siquiera ser conscientes de las peticiones realizadas a su favor. El pensamiento combinado con el sentimiento, cuando es noble, construye verdaderas maravillas. Los dones del cielo, en forma de copos luminosos, descendían sobre los desafortunados, vigorizando sus fuerzas físicas y mentales.

– Cuántas cosas hermosas contiene el Evangelio de Jesús. El día que la Humanidad descubra esta fuente viva de amor, capaz de mitigar los males, entonces seremos felices, a pesar de estar comprometidos y endeudados, sujetos al pago de las deudas, con el dolor y las lágrimas regeneradoras como compañeros inseparables – concluyó Juan, después de la Lectura del mensaje de la tarde. Lena estuvo completamente de acuerdo con el comentario de su compañera sobre experiencias arduas y dolorosas.

Así, todas las noches, después del final de las actividades diarias, se producían momentos de estudio, meditación y oración, que eran bastante agotadores. Los jóvenes recibieron por las noches, durante las oraciones, los recursos espirituales indispensables para poder soportar las vicisitudes de la vida cotidiana, porque el trabajo, cuando excede nuestras fuerzas, representa un castigo, agota la energía física y motiva revueltas por condiciones inhumanas. tratamiento.. Es cierto que no fue así para Juan y Lena, que siempre estuvieron dispuestos a trabajar y se resignaron al sufrimiento.

También cabe señalar que quienes sufren con resignación sufren menos; Quien sufre con ira, sufre más. La intensidad del dolor está ligada a la forma en que se recibe. En este particular, las lecciones evangélicas representan un remedio adecuado, minimizando y curando, primero las heridas del alma y luego las del cuerpo, a través de la paciencia, la comprensión y la fe, en la certeza que después de las noches oscuras de dolor siempre hay un nuevo amanecer, con perspectivas renovadas de la vida.

Juan y Lena ya llevaban más de un año en "Amanecer." Estaban acostumbrados a la rutina, poco se diferenciaba del horario diario. El sufrimiento era una constante en todas las almas. Trabajo agotador, casi sin remuneración, poca comida, un ambiente de desconfianza y castigos inhumanos.

Chico acechaba a Juan como un animal acechando a su presa para la embestida final. Lo que le dio un poco de tranquilidad fue el hecho que Lena visitaba a Juan todos los días, indicando quizás un posible romance entre los dos. Chico no quiso intervenir en el caso para no disgustar a doña

Cândida. Necesitaba su simpatía para llevar a cabo sus planes; es decir, casarse con Izaura, a quien amaba profundamente. La niña; sin embargo, siguió ignorando la pasión enfermiza del capataz.

Pesadas nubes de sufrimiento flotaban en la atmósfera espiritual de aquellas escenas. Estaban a punto de realizarse los reembolsos de antiguas deudas.

10 EXPECTATIVAS OSCURAS

– ¡Leoncio, ven aquí! – llamó Chico bruscamente.

– Listo – respondió respetuosamente el subordinado.

– Quiero que me hagas un servicio especial. Nadie necesita saberlo. Como capataz de finca, debo tomar ciertas precauciones que forman parte de mis funciones.

– Puedes hablar, estoy a tus órdenes – respondió Leoncio.

– No sé si Juan y Lena están tramando algo contra todos nosotros. La verdad es que todas las noches pasan un rato juntos. No sabemos qué hacen. Desconfío de todo y de todos. Soy un empleado leal del jefe. Hizo una breve pausa, como para asegurarse que todos los detalles de su plan fueran correctos, y luego continuó:

– Leoncio, mañana cuando Juan y Lena estén trabajando, por lo tanto ausentes de sus habitaciones, quiero que inspecciones cuidadosamente ambas habitaciones, que me avises de cualquier cosa sospechosa que encuentres, para que podamos tomar medidas antes que sea demasiado tarde.

– Haré lo que me ordenes – Leoncio se alejó en silencio. Se había hecho amigo de Juan, a quien respetaba, pero tendría que cumplir las órdenes recibidas.

En la mañana del día siguiente buscó todo, de hecho era muy poco lo que tenían los dos. No encontró nada más que los libros de Juan. Como Leoncio no sabía leer, trajo los volúmenes para que el capataz viera de qué trataban. Tan pronto como vio los libros, gritó:

– ¡Retíralo! ¡Ponlo en el mismo lugar! Son libros espíritas... ¡es obra del diablo! – respondió Chico, alejando a Leoncio de él – ve inmediatamente.

Leoncio, aterrorizado, corrió lo más rápido que pudo, después de todo la cosa era más fea de lo que parecía al principio. No entendía nada sobre este tema, pero Chico naturalmente tenía sus razones. Ante este suceso, el capataz empezó a respetar a Juan, más por miedo que por cualquier otro motivo.

Por la noche, tanto Juan como Lena vieron que sus modestas habitaciones habían sido completamente registradas. Como no tenían nada que los comprometiera, ignoraron el hecho, con la certeza que nada malo resultaría de este suceso indigno y reprobable.

Chico, hasta entonces, no había tomado ninguna medida turbia contra ambos. Respetó la decisión de doña Cândida, aunque condenó los diálogos entre los colonos. Cada vez que los empleados hablaban entre sí, Chico imaginaba que estaban elaborando planes de rebelión y fuga.

Juan era una espina clavada en la carne de Chico. Juan lo molestaba, tenía más amigos en la casa grande que él, era el capataz de la propiedad y alguien de confianza del señor Jerónimo. Necesitaba estudiar y poner en práctica un plan para sacarlo definitivamente de la casa de sus jefes. Doña Cândida no toleró la intromisión de empleados de campo en las instalaciones de la casa. I Solo Juan disfrutó de esta libertad en el cumplimiento de su misión.

Esto de alguna manera afectó los nervios de Chico, quien se puso celoso, temiendo el riesgo de perder a Izaura ante Juan, quien era obediente y educado.

¡El capataz era un déspota! Actuó con mano de hierro, castigando a los colonos por cualquier cosa, por insignificante que fuera. Afirmó su posición de castigar a aquellos desafortunados que no simpatizaran con él. Además, durante los castigos se volvió exorbitante, desahogando su odio contra los desafortunados trabajadores. Cuando se acercó, nadie se quedó quieto; Aun así, si comprobaba que el servicio no se estaba realizando bien o que no había ejecución, levantaba el látigo y daba un lamida en la espalda a los pobres infortunados, que se retorcían de dolor.

Rara vez pasaba un día sin que alguien recibiera una paliza. Todos tenían marcas de agresión en la espalda, heridas oscuras que revelaban la violencia del desalmado capataz. ¡Cuánto sufrimiento! La mayoría de las víctimas albergaban pensamientos de venganza, que no se llevaron a cabo porque "Amanecer" estaba demasiado lejos de la carretera y no ofrecía ninguna posibilidad de escapar. Además, nadie conocía la salida, excepto los propietarios y el capataz, así como los cómplices que trabajaban en el camión.

Chico disfrutaba de pensamientos oscuros, esperando una oportunidad favorable para llevar a cabo sus reprobables proyectos, atrayendo así el reconocimiento de sus jefes. Lo peor es que Juan y Lena no dieron razones, fueron trabajadores y disciplinados, además de ayudar en lo posible a sus propios compañeros de desgracia, siempre con la aquiescencia de doña Cândida, quien se mostró dócil, considerando la nobleza de los objetivos.

Doña Cândida conocía perfectamente las inquietudes de aquellas criaturas sufrientes, pero no quería en modo alguno contradecir a su marido, un hombre nervioso, intransigente y severo. En la medida de lo posible, intentaba minimizar el sufrimiento ajeno, compensando de alguna manera los malos tratos recibidos a instancias de su marido y llevados a cabo por el malvado capataz, que no escatimaba esfuerzos para ganarse la simpatía y confianza del jefe.

El tiempo pasó y las cosas siguieron sin mayores alternativas; sin embargo, todos esperaban, íntimamente, acontecimientos graves. Los corazones tenían miedo de lo que pudiera pasar.

Cautivos del pasado

11 JOANA, LA CUENTA

Chico se quedó pensativo. ¿Cómo solucionar el problema derivado de la presencia de Juan en la finca y más particularmente en la casa grande? |Solo él podía entrar y salir de la casa, lo que irritó al capataz. La cuestión debe resolverse urgentemente, cueste lo que cueste. Por otra parte, no quería ser incompatible con doña Cândida y su marido.

Después de todo, necesitaba su simpatía para lograr sus planes de matrimonio con Izaura.

"A través del pensamiento podemos construir o destruir logros. Es una energía mental aun algo desconocida para la Humanidad. Al mentalizar el mal, producimos vibraciones que fortalecerán las energías mentales negativas del entorno, que, en consecuencia, debido a la sintonía, no servirán. cada vez más daño.

"Por otro lado, si mentalizamos el bien, fortaleceremos las ondas mentales positivas existentes en la atmósfera terrestre, que también nos beneficiarán, en régimen recíproco. El asunto es de suma importancia y no puede ser ignorado, ya que nuestra felicidad depende únicamente de nosotros mismos, cada uno es autor de su propio destino.

" ISolo la renovación de nuestra mente, basada en el estudio de la verdad y la práctica del bien desinteresado, nos permitirá emitir nobles y elevadas energías mentales, mejorando nuestra vida y la de quienes conviven con nosotros. En ningún momento debemos desoír la recomendación evangélica, sobre la necesidad de orar y velar en todo momento. Los pensamientos malévolos nos hacen cautivos de sufrimientos inesperados, mientras que los benévolos nos liberan, permitiéndonos ennoblecer los logros en el campo de la evolución infinita 1.

Chico mentalizó el mal; por lo tanto, sería fatalmente ayudado por las fuerzas de la sombra, que desean ardientemente la desgracia de los demás. Si tuviéramos, por tanto, la posibilidad de ver lo que sucede en el ámbito espiritual junto al capataz, nos sorprenderíamos. Entidades vengativas se aliaron con sus pensamientos de odio, animándolo a llevar a cabo su innoble intención. Todo es cuestión de armonía: el mal atrae al mal. Desdichados los que se dejan envolver en tramas de odio y venganza; sin saberlo, se esclavizan a idénticos sufrimientos, como factores de regeneración moral y de progreso espiritual.

1 (1) Pensamiento. Uno de los capítulos del libro.

El capataz siempre se irritaba cuando se le ocurría una idea, sugerida por uno de los verdugos que en ese momento controlaba sus pensamientos –. ¡Encontré la solución! – monólogo Sin embargo, necesito la complicidad de alguien que viva con la gente de la casa grande. No será difícil. ¡Empezar a trabajar!

Al acercarse al cortijo, encontró a Joana tendiendo la ropa en el tendedero. Miró un rato a la criada y luego, como si no quisiera nada, le dijo:

– ¿Cómo estás, Juana? ¿Mucho trabajo?– Está bien, no tengo mucho trabajo – respondió respetuosamente la criada.

– El dinero también escasea, ¿no?

– Eso es todo, ni siquiera puedo cubrir mis gastos. El señor ya gana la mitad... Es la confianza del jefe.

–Cuando queremos siempre aparece un servicio extra, que ayuda mucho – dijo Chico, alargando la conversación.

– Para la gente de la casa grande es más difícil.

– Joana, ¿quieres ganar algo de dinero como pago por un trabajo fácil?

– No hay duda... indudablemente... si no interfiere con mi trabajo. No quiero el "tirón de orea" de doña Cândida.

– Es fácil y confidencial, nadie necesita saberlo. Si aceptas, digo. Una vez que lo aceptas, no puedes dar marcha atrás.

El dinero es bueno, equivale a tu salario mensual. ¿Cómo es?

– Arriba, se puede decir.

– Él está bien. En la primera oportunidad que tengas, toma una joya de Doña Cândida y tráemela. |Solo eso, nada más. Al momento de la entrega, recibes el dinero.

– ¡No haré eso! |Solo puedo confiar en mí, llevo cinco años trabajando en la finca y no quiero que me castiguen – respondió Joana asustada.

– Joana, dijiste que aceptabas, ahora es demasiado tarde. O haces lo que quiero o le comunico al jefe ciertos hábitos de tu pasado que conozco muy bien.

– ¡Por el amor de Dios, no hagas eso! Yo era joven y no sabía lo que estaba haciendo. Estoy de acuerdo, eso sí, en que nadie debería enterarse de este lío.

– No te preocupes, nadie lo sabrá, todo irá con normalidad. Ya lo sabes: una joya de Doña Cândida, eso es todo – concluyó Chico, sonriendo sarcásticamente.

Pobre Joana, ni siquiera sospechaba el lío en el que se había metido uniéndose al capataz en sus maquiavélicas payasadas. Después de tres días, Joana cumplió su promesa: le regaló a Chico un anillo muy valioso de doña Cândida, una joya muy querida que había pertenecido a su madre.

7 EVENTOS INESPERADOS

Juan llevaba dos años viviendo en la choza con Lena, sin nada nuevo, todo era rutina. A los dos les gustaba hablar de los acontecimientos insólitos que marcaron sus vidas. Ahora sus mentes ya admitían la innegable grandeza de Dios, a través de sus infinitos atributos de sabiduría, misericordia y justicia.

El Evangelio según el Espiritismo era cotidiano, obligatorio, para gozo y madurez espiritual de ambos, quienes finalmente encontraron el camino, la verdad y la vida, en sus lecciones de luz eterna.

Un día, temprano en la mañana, Juan le dijo a Lena:

- Ya estoy cansado de esta vida... Necesito buscar otras motivaciones para vivir y, al mismo tiempo, realizar mis ideales. Nunca pensé en quedarme quieto, estancado. Necesito actividades que satisfagan mis deseos de progreso y liberación.

- Yo también pienso lo mismo, tengo idénticos deseos. La vida que llevamos no soluciona nuestros verdaderos problemas. Es muy monótona e insulsa, sin actividades constructivas.

- Si piensas como yo - dijo Juan -, prepara las cosas, mañana temprano saldremos de este escenario en busca de un nuevo destino. No podemos permanecer más aislados de la comunidad.

Al día siguiente, siguiendo el acuerdo, emprendieron el camino llevando sólo sus pertenencias, lo que habían encontrado en la choza al llegar estaba naturalmente a disposición de cualquier otra persona que estuviera perdida por aquellos lares, necesitada de esa casa. El día fue maravilloso. Cielo azul... ¡mucho sol! Una ligera brisa besó sus mejillas, acariciándolas, como felicitándolas por la acertada decisión del día anterior. Después de recorrer unos kilómetros encontraron un camión estacionado al costado de la carretera. Sus ocupantes interrumpieron su recorrido para tomar un refrigerio. El vehículo iba lleno de alimentos que tenían como destino una finca lejana.

- ¿A dónde van? - Preguntó uno de los hombres del grupo.

- ¿Están perdidos?

- Perdido no es exactamente el término. Buscamos una ciudad que nos pueda acoger. Deseamos trabajar y vivir honestamente – respondió Juan.

- ¿No tienes familiares y amigos? ¿Están casados?

- Lamentablemente, estamos solos en el mundo. Solo somos buenos amigos. Combinamos nuestra tristeza y en lugar de aumentar, disminuyó significativamente – Juan filosofó.

El grupo estaba formado por tres hombres que se alejaron unos pasos para hablar en voz baja para que Juan y

Lena no escucharan aquello en lo que pretendían ponerse de acuerdo.

- Son dos jóvenes fuertes, sin nadie detrás y tan ocupados trabajando que parece que "se les ha caído la suerte en la sopa." El jefe necesita más manos en la granja, para trabajar. ¿Qué opinas?

- Alcalde, llevemos a los chicos allí. El jefe estará contento con nuestro servicio.

El otro compañero asintió. Los tres estaban de acuerdo. Luego, acercándose a Juan y Lena, dijeron:

- Conocemos un lugar donde pueden encontrar lo que buscan. Los llevaremos allí. Solo súbanse al camión.

- Dios está a nuestro lado, ayudándonos a resolver problemas que hasta entonces eran difíciles - le dijo Juan a Lena, sonriendo.

Luego todos subieron al vehículo. Juan y Lena arriba, en la carrocería. Los tres hombres iban cada mes a la ciudad más cercana a comprar alimentos y otros artículos de primera necesidad para la propiedad rural.

Condujeron durante decenas de kilómetros y finalmente entraron en un camino de tierra, el único camino hacia la granja. Después de otra hora de viaje, si acaso, llegaron a la finca. Todos bajaron, incluidos los dos pasajeros. Juan rápidamente observó que ese lugar no era lo que buscaban. Los trabajadores de "Amanecer" parecían tristes e incluso desnutridos, dando la impresión que fueron tratados de manera inhumana.

- Hay un error, este no es exactamente el lugar que queremos. Ustedes, caballeros, nos mostrarán el camino de regreso y lo seguiremos. Agradecemos el servicio que nos brindaron - dijo Juan, mirando a Lena, que parecía asustada.

- Estás tan equivocado, aquí es donde te quedarás. Tendrán comida y trabajo. Al jefe no le gustan las personas testarudas. Joana, muéstrales a estos chicos sus habitaciones, las que están cerca de la casa grande, no sabemos qué pueden hacer.

Juana se adelantó. Mulata fuerte y con cara de pocos amigos. Sin decir una palabra, les indicó con las manos a los dos que la siguieran. Caminando rápidamente, rodeó la casa grande y se dirigió hacia dos habitaciones desocupadas.

- Llegamos, sin desobediencia. No molestes al jefe. Es un hombre enojado y no perdona a nadie. En caso de fuga, las capas se enganchan fácilmente. La finca está alejada de la carretera.

- ¿Entonces seremos tratados como esclavos? - Preguntó Juan.

- Eso es todo, joven, hasta que el jefe decida lo contrario - respondió Joana, siempre con el ceño fruncido.

8 EXPERIENCIAS DOLOROSAS

Después de ser alojados en las fétidas habitaciones, fueron conducidos ante la presencia del granjero, Sr. Jerónimo. Allí estaban también los tres ocupantes de la camioneta, servidores de confianza del patrón, quienes cumplieron fielmente las absurdas órdenes que recibieron, a cambio de un pago indemnizatorio.

- Digan sus nombres - preguntó el granjero.

- Juan.

-Lena.

- Es verdad que no tienen familia.

- Sí, sí - respondió Juan, tímidamente.

El granjero miró fijamente a Juan y a Lena, luego, dirigiéndose a los tres secuaces, dijo:

- Por el excelente trabajo que hicieron, les duplicaré el salario este mes. Sigan así y sabré recompensarlos. Siempre que se presenten oportunidades como ésta, sepan dar los pasos correctos y no se arrepentirán.

- Cumplimos con nuestro deber - respondió respetuosamente el más truculento de los tres, el que se hacía llamar Toño.

- Toño, puedes retirarte. Dale servicios a Juan cerca de casa. Joana, lleva a Lena a la cocina, hay mucho que hacer allí. Cuida sus pasos, no tolero la rebelión. Sé ser generoso y también enérgico cuando es necesario. Todos a trabajar sin cuerpo blando...

Chico, el capataz de la finca, era una persona que gozaba de la total confianza de su jefe. No dudó en castigar cruelmente a cualquiera que incumpliera las órdenes del granjero. Cuando necesitaba castigar a alguien, siempre iba más allá de las órdenes recibidas. Chico se complacía en azotar a los desventurados que caían en sus manos.

En la tarde de ese día, Juan y Lena recibieron su primera comida: una calabaza con dos cucharadas de avena y un trozo de pan negro, horneado hacía unos días. No se quejaron, aunque primero era importante comprobar cómo iban a ir las cosas. Lena fue tratada mejor en la cocina, ya que se ocupaba de la comida y la limpieza de los empleados. Juan recibía dos comidas al día; es decir, almuerzo y cena; permitiéndose recibir té por la mañana, acompañado de un trozo del mismo pan.

El trabajo era de lo más agotador, desde el amanecer hasta el atardecer. Nadie podía parar antes, salvo por motivos de enfermedad, ni siquiera alejándose unos días de los cultivos y del trato con los animales. Para ello, Jerónimo contó con la lealtad de su capataz, un hombre con mano de hierro, dado a una violencia increíble.

Pasaron las semanas. Juan apenas habló con Lena y cuando lo hizo fue sólo por unos minutos, nada más. Cada uno tenía sus propias tareas distintas en áreas bien diferentes. Vivían muy cerca, pero por las noches sus cuerpos cansados requerían descanso para poder realizar el trabajo del día siguiente, siguiendo siempre la misma rutina.

Los empleados ganaban poco y trabajaban mucho. Los que tenían familia dejaban lo poco que ganaban con su jefe a cambio de un poco más de comida. Jerónimo ejercía una estricta vigilancia sobre todo y sobre todos a través del capataz, quien contaba a su vez con tres elementos de ayuda: los ocupantes del camión en aquel día aciago.

El hacendado tenía dos hijos: Carlos, de veinticuatro años, quien se había formado como contador en una ciudad cercana y actualmente se ocupaba de las notas de todo lo que sucedía en la propiedad, para conocimiento y actuación de su padre, e Izaura, veinte años, una flor, el encanto de todos, buena y talentosa, se había graduado de maestra al mismo tiempo que su hermano.

Doña Cândida, esposa de Jerónimo, no interfirió en el trabajo de su marido; sin embargo, en casa era ella quien daba las órdenes y no se daría por vencida. Era enérgica y atenta a todo lo que sucedía en la casa grande. Distribuyó las actividades por igual, dando a los más fuertes los trabajos más duros y a los más débiles las actividades más ligeras. Aunque estaba de acuerdo con el método utilizado por su marido para frenar los abusos, siempre que podía favorecía a sus sirvientes con pequeños favores. Todos la respetaban y estimaban por su actitud vigilante.

Izaura se ocupaba de pequeños trabajos y confeccionaba piezas para su ajuar. Hermosa chica, con buenos modales. Jerónimo amaba a sus dos hijos. Eran sus herederos, continuadores de su casa, merecedores de su mejor cariño.

Cabe señalar aquí la excesiva ambición del capataz.

Chico amaba a Izaura. Esperaba tenerla como esposa algún día. La muchacha desconocía este amor; al contrario, le temía por la violencia con que trataba a sus subordinados, cuando éstos cometían pequeños deslices y omisiones justificadas. El capataz pensó que al casarse con Izaura también sería dueño de la propiedad y al morir Carlos, todo pasaría a sus manos, sin obstáculos ni dificultades.

Izaura, por su parte, sentía cariño por Juan, quien siempre se mostraba cumpliendo con sus deberes mínimos y mostraba el comportamiento más digno a la hora de los servicios del día a día. A pesar de llevar una vida de lo más infeliz, Juan nunca dejó ver ningún dolor; por el contrario, alimentó el optimismo respecto de acontecimientos futuros.

Chico no veía con buenos ojos a Juan. En su espantosa pequeñez, sintió en Juan un serio rival a sus irracionales pretensiones, por lo que comenzó a tramar algo que pudiera apartarlo de su camino. Juan tenía en Izaura sólo una amiga, nada más, pero el cerebro enfermo del capataz adivinaba cosas que no existían, como sólo ocurre con las criaturas malvadas, que se dejan dominar por el egoísmo y el orgullo.

Los acontecimientos siguieron su curso normal en obediencia a la sabia y justa ley divina.

9 SOLICITUD DE LENA

Doña Cândida le tenía mucho cariño a Lena, con más de seis meses de servicio en la hacienda, por su comportamiento noble, desempeñando sus tareas con estilo y amor. Nunca la había visto parada, siempre moviéndose tomando las medidas necesarias. Lena, que no era nada estúpida sino más bien inteligente, intentó ganarse la confianza de su jefa, con la intención que también sus deseos se cumplieran. Tan pronto como Lena se dio cuenta que doña Cândida era más accesible, animándose, preguntó:

- Doña Cândida, usted conoce mi cariño por todo esto. Su familia ahora también es mi familia. Solo puedo agradecer la acogida fraterna que he recibido; no ha sido así, pero no puedo decir lo contrario en este momento. Quisiera pedirte un favor muy especial...

- Cuántos desvíos, di lo que quieras; Si puedo con gusto te atenderé. Siento que eres mi amiga, por tu correcto comportamiento aquí en la hacienda - respondió doña Cândida.

- Aquí está la cuestión: Juan y yo somos buenos amigos, nada más. Así que me gustaría que me permitieran visitarlo todas las noches, sólo durante treinta minutos...

- Tu petición es bastante extraña. Son empleados del campo, sujetos a las mismas disciplinas – añadió doña Cândida.

- Estoy de acuerdo con usted. Sin embargo, es sólo para un breve diálogo y una oración. Estábamos acostumbrados a rezar juntos. Extraño esta práctica...

- Lo sé… lo sé… voy a hablar con mi marido, porque él también necesita estar de acuerdo. No hago nada en secreto, por eso merezco su total confianza. Sin embargo, ahora puedes saber que defenderé tu caso.

- Gracias, sabré agradecer su amabilidad - concluyó Lena, satisfecha.

Juan desconocía la intención de Lena y habría sido inmensamente feliz si lo hubiera sabido. Ese mismo día, doña Cândida informó a su marido del pedido de Lena; éste, al notar el interés de su esposa en asistir, no puso objeción.

- Otorgado; sin embargo, a la primera desobediencia todo volverá al punto de partida. La visita no deberá exceder la media hora, siempre y cuando no afecte de ninguna manera las actividades de la casa. Mientras sean dignos de la concesión, todo está bien.

Cuando Lena fue a buscar a Juan por la noche y le contó lo sucedido, él se llenó de alegría. A partir de ese momento intentaron siempre disfrutar de los mejores resultados en su breve convivencia. Leyeron las páginas ligeras de *El Evangelio según el Espiritismo* e hicieron rápidos comentarios, luego oraron fervientemente, pidiendo a Jesús fortaleza para sus compañeros en experiencias desgraciadas. Los mentores espirituales hicieron de sus humildes hogares sublimados baluartes de amor. Innumerables criaturas recibieron medicinas espirituales adecuadas a sus dolencias sin siquiera ser conscientes de las peticiones realizadas a su favor. El pensamiento combinado con el sentimiento, cuando es noble, construye verdaderas maravillas. Los dones del cielo, en forma de copos luminosos, descendían sobre los desafortunados, vigorizando sus fuerzas físicas y mentales.

- Cuántas cosas hermosas contiene el Evangelio de Jesús. El día que la Humanidad descubra esta fuente viva de amor, capaz de mitigar los males, entonces seremos felices, a pesar de estar comprometidos y endeudados, sujetos al pago de las deudas, con el dolor y las lágrimas regeneradoras como compañeros inseparables - concluyó Juan, después de la lectura del mensaje de la tarde. Lena estuvo completamente de acuerdo con el comentario de su compañero sobre experiencias arduas y dolorosas.

Así, todas las noches, despúes del final de las actividades diarias, se producían momentos de estudio, meditación y oración, que eran bastante agotadores. Los jóvenes recibieron por las noches, durante las oraciones, los recursos espirituales indispensables para poder soportar las vicisitudes de la vida cotidiana, porque el trabajo, cuando excede nuestras fuerzas, representa un castigo, agota la energía física y motiva revueltas por condiciones inhumanas. Es cierto que no fue así para Juan y Lena, que siempre estuvieron dispuestos a trabajar y se resignaron al sufrimiento.

También cabe señalar que quienes sufren con resignación sufren menos; quien sufre con ira, sufre más. La intensidad del dolor está ligada a la forma en que se recibe. En este particular, las lecciones evangélicas representan un remedio adecuado, minimizando y curando, primero las heridas del alma y luego las del cuerpo, a través de la paciencia, la comprensión y la fe, en la certeza que después de las noches oscuras de dolor siempre hay un nuevo amanecer, con perspectivas renovadas de la vida.

Juan y Lena ya llevaban más de un año en "Amanecer." Estaban acostumbrados a la rutina, poco se diferenciaba del horario diario. El sufrimiento era una constante en todas las almas. Trabajo agotador, casi sin remuneración, poca comida, un ambiente de desconfianza y castigos inhumanos.

Chico acechaba a Juan como un animal acechando a su presa para la embestida final. Lo que le dio un poco de tranquilidad fue el hecho que Lena visitaba a Juan todos los días, tal vez indicando un posible romance entre los dos. Chico no quiso intervenir en el caso para no disgustar a doña Cândida. Necesitaba su simpatía para llevar a cabo sus planes; es decir, casarse con Izaura, a quien amaba profundamente. La joven; sin embargo, siguió ignorando la pasión enfermiza del capataz.

Pesadas nubes de sufrimiento flotaban en la atmósfera espiritual de aquellas escenas. Estaban a punto de realizarse los reembolsos de antiguas deudas.

10 EXPECTATIVAS OSCURAS

- ¡Leoncio, ven aquí! - Llamó Chico bruscamente.

- Listo - respondió respetuosamente el subordinado.

- Quiero que me hagas un servicio especial. Nadie necesita saberlo. Como capataz de finca, debo tomar ciertas precauciones que forman parte de mis funciones.

- Puedes hablar, estoy a tus órdenes - respondió Leoncio.

- No sé si Juan y Lena están tramando algo contra todos nosotros. La verdad es que todas las noches pasan un rato juntos. No sabemos qué hacen. Desconfío de todo y de todos. Soy un empleado leal al jefe.

Hizo una breve pausa, como para asegurarse que todos los detalles de su plan fueran correctos, y luego continuó:

- Leoncio, mañana cuando Juan y Lena estén trabajando, por lo tanto ausentes de sus habitaciones, quiero que inspecciones cuidadosamente ambas habitaciones, que me avises de cualquier cosa sospechosa que encuentres, para que podamos tomar medidas antes que sea demasiado tarde.

- Haré lo que me ordenes - Leoncio se alejó en silencio.

Se había hecho amigo de Juan, a quien respetaba, pero tendría que cumplir las órdenes recibidas.

En la mañana del día siguiente buscó todo, de hecho era muy poco lo que tenían los dos. No encontró nada más que los libros de Juan. Como Leoncio no sabía leer, trajo los volúmenes para que el capataz viera de qué trataban. Tan pronto como vio los libros, gritó:

- ¡Retíralos! ¡Ponlos en el mismo lugar! Son libros espíritas... ¡es obra del diablo! - Respondió Chico, alejando a Leoncio de él -, ve inmediatamente.

Leoncio, aterrorizado, corrió lo más rápido que pudo, después de todo la cosa era más fea de lo que parecía al principio. No entendía nada sobre este tema, pero Chico naturalmente tenía sus razones. Ante este suceso, el capataz empezó a respetar a Juan, más por miedo que por cualquier otro motivo.

Por la noche, tanto Juan como Lena vieron que sus modestas habitaciones habían sido completamente registradas. Como no tenían nada que los comprometiera, ignoraron el hecho, con la certeza que nada malo resultaría de este suceso indigno y reprobable.

Chico, hasta entonces, no había tomado ninguna medida turbia contra ambos. Respetó la decisión de doña Cândida, aunque condenó los diálogos entre los colonos. Cada vez que los empleados hablaban entre sí, Chico imaginaba que estaban elaborando planes de rebelión y fuga.

Juan era una espina clavada en la carne de Chico. Juan lo molestaba, tenía más amigos en la casa grande que él, era el capataz de la propiedad y alguien de confianza del señor Jerónimo. Necesitaba estudiar y poner en práctica un plan para sacarlo definitivamente de la casa de sus jefes. Doña

Cândida no toleró la intromisión de empleados de campo en las instalaciones de la casa. Solo Juan disfrutó de esta libertad en el cumplimiento de su misión.

Esto de alguna manera afectó los nervios de Chico, quien se puso celoso, temiendo el riesgo de perder a Izaura ante Juan, quien era obediente y educado.

¡El capataz era un déspota! Actuaba con mano de hierro, castigando a los colonos por cualquier cosa, por insignificante que fuera. Afirmó su posición de castigar a aquellos desafortunados que no simpatizaran con él. Además, durante los castigos se volvió exorbitante, desahogando su odio contra los desafortunados trabajadores. Cuando se acercó, nadie se detuvo; aun así, si comprobaba que el servicio no se estaba realizando bien o que no había ejecución, levantaba el látigo y daba un lamida en la espalda a los pobres infortunados, que se retorcían de dolor.

Rara vez pasaba un día sin que alguien recibiera una paliza. Todos tenían marcas de agresión en la espalda, heridas oscuras que revelaban la violencia del desalmado capataz. ¡Cuánto sufrimiento! La mayoría de las víctimas albergaban pensamientos de venganza, que no se llevaron a cabo porque "Amanecer" estaba demasiado lejos de la carretera y no ofrecía ninguna posibilidad de escapar. Además, nadie conocía la salida, excepto los propietarios y el capataz, así como los cómplices que trabajaban en el camión.

Chico disfrutaba de pensamientos oscuros, esperando una oportunidad favorable para llevar a cabo sus reprobables proyectos, atrayendo así el reconocimiento de sus jefes. Lo peor es que Juan y Lena no dieron ninguna razón, fueron trabajadores y disciplinados, además de ayudar en lo posible a sus propios compañeros de desgracia, siempre con la aquiescencia de doña Cândida, quien se reveló dócil, considerando la nobleza de sus objetivos.

Doña Cândida conocía perfectamente las inquietudes de aquellas criaturas sufrientes, pero no quería en modo alguno contradecir a su marido, un hombre nervioso, intransigente y severo.

En la medida de lo posible, intentaba minimizar el sufrimiento ajeno, compensando de alguna manera los malos tratos recibidos a instancias de su marido y llevados a cabo por el malvado capataz, que no escatimaba esfuerzos para ganarse la simpatía y confianza del jefe.

El tiempo pasó y las cosas siguieron sin mayores alternativas; sin embargo, todos esperaban, íntimamente, acontecimientos graves. Los corazones tenían miedo de lo que pudiera pasar.

11 JOANA, LA CÓMPLICE

Chico se quedó pensativo. ¿Cómo solucionar el problema derivado de la presencia de Juan en la finca y más particularmente en la casa grande? Solo él podía entrar y salir de la casa, lo que irritó al capataz. La cuestión debía resolverse urgentemente, cueste lo que cueste. Por otra parte, no quería ser incompatible con doña Cândida y su marido. Después de todo, necesitaba su simpatía para lograr sus planes de matrimonio con Izaura.

"A través del pensamiento podemos construir o destruir logros. Es una energía mental aun algo desconocida para la Humanidad. Al mentalizar el mal, producimos vibraciones que fortalecerán las energías mentales negativas del entorno, que, en consecuencia, debido a la sintonía, producirán cada vez más daño.

Por otro lado, si mentalizamos el bien, fortaleceremos las ondas mentales positivas existentes en la atmósfera terrestre, que también nos beneficiarán, en régimen recíproco. El asunto es de suma importancia y no puede ser ignorado, ya que nuestra felicidad depende únicamente de nosotros mismos, cada uno es autor de su propio destino.

Solo la renovación de nuestra mente, basada en el estudio de la verdad y la práctica del bien desinteresado, nos permitirá emitir nobles y elevadas energías mentales, mejorando nuestra vida y la de quienes conviven con nosotros. En ningún momento debemos desoír la recomendación evangélica, sobre la necesidad de orar y estar vigilantes en todo momento. Los pensamientos malévolos nos hacen cautivos de sufrimientos inesperados, mientras que los benévolos nos liberan, permitiéndonos alcanzar logros ennoblecedores en el campo de la evolución infinita[1].

Chico mentalizó el mal; por lo tanto, sería fatalmente ayudado por las fuerzas de la sombra, que desean ardientemente la desgracia de los demás. Si tuviéramos, por tanto, la posibilidad de ver lo que sucede en el ámbito espiritual junto al capataz, nos sorprenderíamos. Entidades vengativas se aliaron con sus pensamientos de odio, animándole a llevar a cabo su innoble intención. Todo es cuestión de armonía: el mal atrae al mal. Desdichados los que se dejan envolver en tramas de odio y venganza; sin saberlo, se esclavizan a idénticos sufrimientos, como factores de regeneración moral y de progreso espiritual.

El capataz siempre se irritaba cuando se le ocurría una idea, sugerida por uno de los verdugos que en ese momento controlaba sus pensamientos. - ¡Encontré la solución! - monólogo Sin embargo, necesito la complicidad de alguien que viva con la gente de la casa grande. No sería difícil. ¡Empezar a trabajar!

Al acercarse al cortijo, encontró a Joana tendiendo la ropa en el tendedero. Miró un rato a la criada y luego, como si no quisiera nada, le dijo:

---

[1] Pensamiento. Uno de los capítulos del libro.

- ¿Cómo estás, Joana? ¿Mucho trabajo?

- Está bien, no tengo mucho trabajo - respondió respetuosamente la criada.

- El dinero también escasea, ¿no?

- Eso es todo, ni siquiera puedo cubrir mis gastos. Usted ya gana la mitad… Es la confianza del jefe.

- Cuando queremos siempre aparece un servicio extra, que ayuda mucho - dijo Chico, alargando la conversación.

- Para la gente de la casa grande es más difícil.

- Joana, ¿quieres ganar algo de dinero como pago por un trabajo fácil?

- No hay duda… de todas manera… si no interfiere con mi trabajo. No quiero el "tirón de oreja" de doña Cândida.

- Es fácil y confidencial, nadie necesita saberlo. Si aceptas, digo. Una vez que lo aceptas, no puedes dar marcha atrás. El dinero es bueno, equivale a tu salario mensual. ¿Cómo lo ves?

- Me interesa, se puede decir.

- Está bien. En la primera oportunidad que tengas, toma una joya de Doña Cândida y tráemela. Solo eso, nada más. Al momento de la entrega, recibes el dinero.

- ¡No haré eso! Solo puedo confiar en mí, llevo cinco años trabajando en la finca y no quiero que me castiguen - respondió Joana asustada.

- Joana, dijiste que aceptabas, ahora es demasiado tarde. O haces lo que quiero o le comunico al jefe ciertos hábitos de tu pasado que conozco muy bien.

- ¡Por el amor de Dios, no hagas eso! Yo era joven y no sabía lo que estaba haciendo. Estoy de acuerdo, eso sí, en que nadie debería enterarse de este lío.

- No te preocupes, nadie lo sabrá, todo irá con normalidad. Ya lo sabes: una joya de doña Cândida, eso es todo - concluyó Chico, sonriendo sarcásticamente.

Pobre Joana, ni siquiera sospechaba el lío en el que se había metido uniéndose al capataz en sus maquiavélicas payasadas.

Después de tres días, Joana cumplió su promesa: le regaló a Chico un anillo muy valioso de doña Cândida, una joya muy querida que había pertenecido a su madre.

12 EL ANILLO ES ESCONDIDO

- Espero que hagas tu parte, quiero recibir el dinero - dijo Joana luego de entregarle el anillo.

- No hay dinero, no abras la boca, sino ya sabes lo que te pasará. El patrón no tolera ladrones en su propiedad. Olvida lo que pasó. Mi palabra vale mucho más que tus juramentos. No hay dinero, vuelve a trabajar.

- ¡Eso no está bien!

-Solo yo sé lo que es correcto. ¿Es correcto robarle a tu jefe? - Concluyó agresivamente Chico, levantando la mano hacia el látigo.

Ese día después del episodio que narramos, Joana enfermó. Una terrible revuelta contra el capataz había invadido todo su ser, quien a su parecer era un individuo repugnante, abyecto y cobarde. Sin embargo, lamentablemente estaba en sus manos. Vencida por una fiebre alta, pasó muchos días en cama, insensible a todo lo que sucedía a su alrededor. La enfermedad estaba en su alma arrepentida, incapaz de recuperarse del crimen. Tratada con cariño por sus compañeros de trabajo, logró levantarse después de una semana de postración. Sin embargo, ya no era esa sirvienta trabajadora e inteligente, acostumbrada a responder con prontitud a las órdenes de doña Cândida.

Chico, satisfecho, se proponía ahora llevar a cabo otra parte de su diabólico plan. Lo mejor era esperar un poco más, sin prisas, ahora todo sería más fácil, tenía las cartas de triunfo en sus manos. El tiempo lo ayudaría, sólo tenía que saber esperar el momento adecuado.

Joana vivía en constante preocupación, adivinando la reacción de su jefa cuando descubriera que faltaba la joya. Sería un lío y la culpa del robo podría recaer incluso en una persona inocente. No sabía qué hacer: ¿contarle a doña Cândida lo sucedido y correr el riesgo de ser severamente castigada y ahuyentada como a un perro rabioso? ¿O permanecer en silencio, esperando que se desarrollen los acontecimientos y sufrir las consecuencias de su acto reprensible?

Chico esperaba una oportunidad propicia, pero no pudo esperar mucho. Necesitaba completar su proyecto antes que se supiera que el anillo había desaparecido. Entonces, aprovechando la ausencia de Juan, que había ido a recoger leña al bosque junto con otros compañeros, se acercó a su habitación y entró por la ventana trasera sin ser visto por nadie. Rápidamente recorrió la habitación con la vista buscando un lugar para esconder la joya. Luego se agachó y con cuidado quitó un ladrillo del suelo, hizo una pequeña hendidura en el suelo de tierra con su navaja y colocó el anillo allí. Finalmente volvió a colocar el ladrillo de tal manera que nadie sospechara lo sucedido, saliendo tan rápido como había entrado.

El esquema estaba en marcha, ahora sólo quedaba esperar el resultado, sin prisas. El criado no quiso soltar la sopa, confió en su intuición. El plan era arriesgado, pero había sido planeado cuidadosamente y estaba seguro del éxito.

Después de aproximadamente veinte días, doña Cândida, revisando las joyas, notó que faltaba el anillo. No le dijo nada a nadie, inicialmente quería hacer algunas investigaciones por su cuenta. Confiaba en todos los sirvientes de la casa. Desde el exterior, sólo Juan tenía acceso al interior de la casa, pero tampoco parecía capaz de cometer semejante delito. Era necesario conocer y castigar al culpable, de lo contrario podrían suceder cosas más graves. Además, la joya era un recuerdo; por tanto, de valor incalculable.

Como doña Cândida no pudo descubrir al autor del robo, puso el caso en conocimiento de su marido, quien calificó el incidente como uno de los más graves y sujetos a severas penas si era necesario

Castigar rigurosamente al culpable para que el crimen no se repita más. Habiendo llamado a todos los sirvientes a la presencia del señor Jerónimo, dijo:

- El ladrón será descubierto, de eso pueden estar seguros, y recibirá el castigo más severo, sea quien sea. Si alguien tiene algo que decir al respecto, que lo diga ahora, para ahorrar trabajo en la identificación del autor del robo - finalizó Jerónimo, mirando a todos fijamente a los ojos.

En ese momento, Joana tuvo un ligero mareo. ¿Y ahora qué hacer? Si decía la verdad sería severamente castigada; entonces decidió guardar silencio. Su corazón saltó como un corcel indomable acostumbrado a la libertad del campo, no aceptando ningún tipo de disciplina u opresión.

Como nadie habló, el granjero llamó al capataz y le ordenó que buscara el anillo y le hiciera todas las averiguaciones que quisiera. Se regocijó de alegría, eso era exactamente lo que quería, poder completar sus planes de venganza.

Chico, junto con otros tres compañeros, los ocupantes del camión, aliados de muchas tramas diabólicas, registraron toda la casa y luego se dirigieron al local ocupado por los empleados, sin obtener resultados positivos.

- Doña Cândida, además de los sirvientes de la casa, ¿quién más tiene libertad para entrar y salir de aquí? - Preguntó Chico.

- Nadie que trabaje en la finca puede entrar aquí, excepto Juan, que aquí hace el trabajo más pesado, cuando es llamado; sin embargo, puedo decir que es una persona en quien confío plenamente - explicó doña Cândida.

- Mientras tanto, ¿nos dejarás ver también la habitación de Juan? Después de todo, tenemos que llegar a una conclusión, tengo que dar cuenta de mis servicios al Sr. Jerónimo. Si es digno de confianza, ciertamente no debe temer nada.

En ese momento de los hechos, Juan, que escuchaba la conversación, se adelantó y dijo:

-Perfectamente. Cumplan la orden del señor Jerónimo. Estoy absolutamente tranquilo.

13 EXPIACIÓN DOLOROSA

El grupo se dirigió hacia la habitación de Juan, que no temía nada. Después de una minuciosa búsqueda, cuando todo estuvo cuidadosamente examinado, Chico, señalando el piso, dijo:

- Leoncio, este ladrillo fue retirado recientemente. Retíralo con la punta del cuchillo.

El compañero se agachó y quitó fácilmente el ladrillo. ¡Cuál fue el asombro de todos cuando vieron allí la presencia del anillo de doña Cândida! Todos miraron a Juan y gritaron a una sola voz:

- ¡Ladrón! ¡Miserable!

Chico, veloz como un animal feroz, saltó delante de él y, agarrándolo por el cuello de la camisa, lo llevó hasta el cepo, atándolo con fuertes cuerdas.

- El jefe es quien decidirá qué hacer con este miserable ladrón, que nos tiene a todos bajo sospecha. Cuando no me gusta alguien no es casualidad, siempre tengo razones de peso para ello. ¡Ha llegado el momento de ajustar cuentas!

Al cabo de unas horas, el granjero se enteró del asunto; Tanto él como su esposa no sabían qué decir, estaban asombrados, confiaban plenamente en Juan; sin embargo, dadas las pruebas, necesitaban castigar al culpable para que nadie más se atreviera a realizar la misma hazaña.

- Chico, castiga al criminal con treinta azotes y déjalo permanecer en el cepo hasta mañana temprano - dijo Jerónimo.

Chico, con mano de hierro, le aplicó treinta latigazos. La espalda de Juan estaba lacerada, en carne viva, sangrando profusamente. Esto sucedió alrededor de las cuatro de la tarde. Juan tendría que quedarse allí hasta la mañana del día siguiente.

Lo que sorprendió a todos, especialmente a doña Cândida y su marido, fue el comportamiento y la resistencia moral de Juan, que no ofreció ningún tipo de defensa, aceptando el castigo. Durante el castigo no manifestó ninguna actitud de rebelión, sometiéndose humildemente. Solo de sus ojos caían espesas lágrimas, empapando el pecho de su camisa, completamente hecha jirones.

Lena, con el corazón herido, se retiró a su habitación para orar. Conocía muy bien a Juan y sabía de su inocencia. Por la noche fue donde doña Cândida y le dijo respetuosamente:

- No quiero que entienda esto como una insubordinación por mi parte, pero quiero hablar de Juan, a quien valoro como a un hermano. Estoy segura de su inocencia. Sin embargo, no puedo explicar cómo sucedió todo. Solo sé que de ninguna manera se apropiaría de cosas que no le pertenecen, especialmente las joyas.

- Lo siento mucho, Lena, pero todas las pruebas están en su contra. No puedo hacer nada, sabes lo severo que es el señor Jerónimo y no admite ninguna culpa por parte de sus empleados. ¡Robo, entonces, ni lo menciones!

- Solo quiero pedirle que se lo diga a su marido para que me permita quedarme con Juan por la noche. Quiero ayudarlo en esta etapa difícil que está pasando. Por favor, señora Cândida…Por favor...

- Sí, hablaré, pero no puedo prometer ayudarte. Pronto te daré la respuesta – concluyó doña Cândida.

A las ocho, más o menos, Lena fue llamada a presencia de su jefa, quien le informó que sus deseos se habían cumplido. Jerónimo había estado de acuerdo con la intención de Lena, dado el excelente trabajo que venía haciendo en casa. Su esposa había elogiado varias veces su correcto desempeño en las más variadas tareas que se le encomendaban.

Lena tomó una jarra de agua fresca y el Evangelio y fue al lado de su amigo, donde permaneció toda la noche. Leyó varias páginas, a la luz de una lámpara, le dio agua varias veces a su compañero, le hizo pequeñas vendas con paños limpios empapados en agua, y finalmente hizo lo que pudo para ayudar a su amigo a recuperar fuerzas y poder afrontar su calvario de superlativo dolor. Juan no dijo nada, permaneció en silencio, sólo llorando.

- Juan, di algo, sé que eres inocente, gracias a Dios. ¿Alguna vez has pensado si realmente fuiste tú el culpable del robo? ¡No quiero ni pensar en ello, es horrible!

- Lena, soy inocente, pero no quiero hablar de eso. Te4 agradezco tu presencia y dedicación. Ya me salvaste la vida una vez. Ahora estás minimizando mi sufrimiento. Que Jesús te bendiga, mi querida hermana.

- Respeto tus deseos. Después de noches de densa oscuridad, siempre amanece el amanecer de un nuevo día. Tengamos confianza en Jesús, paradigma del bien y de la verdad.

Lena se sentó en el suelo junto a Juan y permaneció inmóvil hasta el día siguiente, vigilante y en oración, rogando a Jesús que sostuviera a su compañero y le ayudara a cumplir su destino. Sabía que todas las cosas tienen una razón de ser. Nada ocurre sin la ley divina, llena de sabiduría, amor y justicia incomparables.

Al capataz no le gustó nada la ayuda que Lena le estaba dando al chico castigado, pero por otro lado, el interés mutuo de ambos - en su opinión -, haría que Izaura se alejara de Juan y luego su plan de casarse funcionaría con la hija del granjero.

El tiempo posterior daría las respuestas correctas a los problemas de ahora. Lena compartía la amargura de Juan, de hecho todo lo que les pasó siempre les había causado alegría y sufrimiento a ambos. Estaban sinceramente unidos en el dolor y la alegría.

No les importaba quién fuera el responsable del ignominioso crimen. Dentro de cada uno de nosotros hay un tribunal que nos juzga constantemente: la conciencia. Su enemigo tendría que redimir el crimen cometido contra las leyes mayores. Cada uno de nosotros es responsable de lo que hacemos, tarde o temprano, en esta u otras vidas. ¡Esa es la verdad!

14 DEUDAS Y REDENCIONES

A la mañana siguiente, cuando salió el Sol, el capataz dio la orden de sacar al muchacho del castigo. Casi desmayado, Juan fue llevado a su habitación. Lena lo acompañó, permaneciendo a su lado por un tiempo, sufriendo tanto como él. Como debía volver a la cocina para sus tareas habituales, cogió el Evangelio y, abriéndolo "al azar", leyó una de sus hermosas y edificantes páginas que, como siempre, iluminan y reconfortan. El tema: Paciencia.[2]

"El dolor es una bendición que Dios envía a sus elegidos. No os entristezcáis, por tanto, cuando sufráis, sino, al contrario, bendecid a Dios Todopoderoso que os marcó con dolor en este mundo para gloria del cielo. Tened paciencia, porque la paciencia es también caridad y debéis practicar la ley de la caridad enseñada por Cristo, enviado de Dios. La caridad que consiste en dar limosna a los pobres es la más fácil de todas. Pero hay una mucho más dolorosa y consiguientemente más dura, mucho más meritoria, que es perdonar a aquellos que Dios ha puesto en nuestro camino para ser instrumentos de nuestro sufrimiento y poner a prueba nuestra paciencia.

---

[2] Página 170 de 71. Edición FEB.

La vida es difícil, lo sé, está compuesta de mil nimiedades que son como pinchazos y acaban haciendo daño. Pero es necesario mirar los deberes que nos imponen y los consuelos y compensaciones que obtengamos, porque entonces veremos que las bendiciones son más numerosas que los dolores. La carga parece más ligera cuando miramos hacia arriba que cuando inclinamos la cabeza hacia la tierra.

Ánimo, amigos: Cristo es vuestro modelo. Él sufrió más que cualquiera de vosotros y no tenía nada de qué acusarse, mientras que vosotros debéis expiar vuestro pasado y fortaleceros para el futuro. Tened paciencia, por tanto, sed cristianos: Esta palabra lo resume."

- Juan, ¡qué página tan maravillosa! Se adapta perfectamente a nuestra experiencia actual. ¡Jesús está con nosotros! Sé fuerte, venceremos. Necesito empezar mi trabajo diario, pero voy a hablar con doña Cândida y ella seguramente me autorizará a quedarme junto a tu cama, acompañando así tu calvario de dolor - Lena se despidió de su querido amigo besándole la frente.

La lección evangélica fue un refrigerio para su dolor, minimizó su corazón amargo y sufriente. Sin embargo, apenas Lena se alejó, una gran postración asaltó el físico debilitado y severamente castigado de Juan, acompañado de una intensa fiebre.

Lena había hablado con doña Cândida al respecto, obteniendo permiso para ir a menudo a la habitación de su amigo para saber cómo reaccionaba ante las heridas recibidas y al mismo tiempo poder orar a su lado por su completa rehabilitación, ya que no pudo, lamentablemente ya no se pudo hacer nada más, debido a la falta de recursos adecuados para el caso.

Como el estado de salud de Juan había empeorado considerablemente, doña Cândida, al observar la angustia de Lena, informó a su marido del asunto, y Lena fue autorizada a permanecer al lado de Juan el tiempo necesario. La abnegada "enfermera" se dedicó a la atención y el cariño, para poder una vez más cumplir con sus tareas de preservar su vida, pues algo dentro de ella decía que el dolor continuaría por muchos días y había que ser fuerte para poder superarlos.

Mientras persistía la fiebre, el cuerpo de Juan temblaba intensamente, dando la impresión que se enfrentaba a una lucha a vida o muerte, dominada por terribles pesadillas de las que no podía escapar. Lena recurrió a las lecciones del Evangelio, leyendo sus páginas en voz alta y orando con gran fe, en silencio, con la certeza que los momentos difíciles serían superados de una vez por todas.

Abandonó su trabajo sólo para comer en la cocina, frugalmente y con prisa. Sabía la importancia de ese momento y de ninguna manera quería fracasar en su trabajo. La vida de Juan era muy valiosa para ella. Si el destino los unió, debían permanecer juntos hasta el final. Lena ahora sabía que el azar no existe. Las leyes divinas son soberanas, gobiernan todas las cosas, desde las infinitamente pequeñas hasta las inconmensurablemente grandes como el Universo, que es infinito y eterno.

Después de largas horas de estar con su amargo compañero, vencida por el cansancio, Lena se durmió un momento y soñó: Juan estaba frente a ella, sonriente y feliz, extendiéndole las manos, diciéndole:

- Lena, sin tristeza. Estamos superando esta terrible expiación. Seremos ganadores y la victoria es completamente tuya. Si no fuera por tu dedicación, no habría soportado la flagelación impuesta. Lena, que Jesús te bendiga siempre y que yo esté contigo durante muchos, muchos años por venir, en esta vida y quizás por toda la eternidad.

Entonces Lena se despertó; estaba feliz, pero cuando se dio cuenta que era un sueño, que las cosas estaban en la misma página, se puso pensativa... ¿qué habría pasado? ¿Fue una advertencia? ¿Estaba el sufrimiento a punto de terminar?

- ¡Confío en Ti, Jesús! Que Tu voluntad se cumpla por encima de nuestros caprichos - exclamó llorando...

15 ENEMIGOS DEL PASADO

Durante el sueño, el cuerpo descansa y recupera la energía gastada durante el día. El espíritu; sin embargo, nunca descansa. Parcialmente liberado – la liberación total significa muerte –, unido al vaso físico por un cordón fluidico, participa de la vida espiritual. Quienes se comportaron dignamente durante el día, ayudando a sus semejantes a resolver problemas angustiosos, donando afecto y atención para el bienestar de los demás, sin duda tendrán dulces sueños y participarán en actividades gratificantes por la noche mientras su cuerpo descansa.

Por otra parte, quien se ha comprometido con actitudes reprensibles, basadas en el orgullo y el egoísmo, haciendo infelices e insatisfechos a sus semejantes, buscando ganar incluso a expensas de la infelicidad de los demás, no puede, evidentemente, vivir felizmente en la misma situación en el plano espiritual, quedando así sujeto a imprevistos y dolorosos acontecimientos en convivencia con entidades de sombra, que también piensan como él, que alimentan igualmente los mismos propósitos de usura y soberbia, sin importar los medios sino sólo los fines.

Juan repasó acontecimientos dolorosos de otras vidas, que ahora aparecían en la pantalla de su mente con increíble velocidad, con el objetivo de iluminarlo sobre las razones de su sufrimiento. El pasado, el presente y el futuro son expresiones del tiempo que se apoyan mutuamente. El presente como retrato del pasado es igualmente básico en la construcción del futuro. Hoy cosechamos de la siembra de ayer y plantamos hoy para cosechar mañana. ¡Ésta es la realidad legítima!

Mientras Lena leía la lección sobre la paciencia, que parecía la más adecuada para el momento, Juan se sintió bien, pero luego el dolor aumentó, volviéndose casi insoportable. Al mismo tiempo, tuvo la impresión de haber sido transportado al pasado. Una visión dantesca apareció frente a él que se fue acercando hasta tomar proporciones normales. A medida que la visión se acercaba, tenía la clara certeza que estaba siendo llevado a ese escenario de sufrimiento sin precedentes. Ahora lo entendió claramente: él era uno de los protagonistas de aquella escena de dolor y lágrimas superlativas.

Se identificó como Tertuliano, el más despiadado y agresivo de los que estaban allí. En ese momento castigaba sin piedad a un pobre y desafortunado hombre llamado Custodio. El escenario: una granja. Le habían robado uno de las vacas más valiosas y Custodio era señalado como cómplice del robo. Dijeron que facilitó la acción criminal, bajo la promesa de dinero fácil. Esto fue lo que dijeron, pero no era la realidad de los hechos. Custodio era inocente de ese crimen, pero en una vida anterior había asumido un compromiso idéntico y alguien había pagado por ello. No hay inocentes sobre la faz de la Tierra, ni privilegiados disfrutando de bienes inmerecidos, si no fuera así, ¿cómo podemos comprender y aceptar la grandeza de la ley divina, basada en la justicia y el amor infinitos?

Custodio estaba recibiendo un castigo inhumano. Tertuliano era él, Juan, ¿y quién era Custodio? En ese momento de los hechos intentó ver el rostro de la víctima y quedó asombrado, ¡ahí estaba Chico! La víctima no gimió ni lloró de dolor, solo miró el rostro del verdugo, prometiendo íntimamente venganza. Una vez finalizada la flagelación, Custodio fue llevado a un cuarto sucio, donde se guardaban los equipos agrícolas. Fue arrinconado, sin piedad, como un animal sin valor.

Allí permaneció dos días sin ayuda, recibiendo sólo agua y pan. Custodio era un hombre fuerte, resistió sus heridas, y también necesitaba vivir para vengar el castigo que recibió, lo cual no sucedió en esa vida, pues a los veinte días, fue mordido por una serpiente y murió, pasando por dolores horribles.

Como máximo responsable de la finca, Tertuliano había recibido "carta blanca" para actuar. Lo que quería el patrón era el progreso de la propiedad. El régimen era esclavista, estaba vigente la ley del más fuerte. Tertuliano fue respetado y odiado al mismo tiempo, gracias a los maltratos que infligía a sus semejantes, criaturas humildes y sufrientes, privadas de casi todo, incluso de la libertad, don divino concedido a todos los seres humanos.

Tertuliano tenía a su servicio cómplices odiosos y cobardes que hacían todo oculto tras la sombra del anonimato, recibiendo importantes pagos en efectivo. Cuánto sufrimiento se sembró en esos lugares en el pasado. Juan ya no tuvo dudas, el castigo que sufrió no era comparable al practicado en el pasado contra sus hermanos de experiencias rurales. Había hecho grandes esfuerzos en su trabajo, logrando el éxito de su jefe a expensas de la infelicidad de otras personas.

Los acontecimientos llevados a cabo por las criaturas humanas, especialmente aquellos que se tornaron notables, motivando alegrías y tristezas, quedan debidamente anotados en los archivos espirituales, y pueden ser revisados en cualquier momento para aclaraciones que se hagan indispensables, comprobando lo que dijo Jesús: *"No hay nada encubierto que no haya de ser revelado, ni oculto que no haya de ser conocido."* - Mateo 10:26.

Los hechos no dejaban lugar a dudas, había una deuda contraída en un pasado lejano, una deuda que exigía redención. La ley divina tendría que cumplirse fielmente. La vida de Juan fue un retrato fiel del pasado. En la expiación por los crímenes cometidos en otras vidas reside la liberación y la felicidad definitivas.

16 LAS REVELACIONES CONTINÚAN

Tertuliano disfrutó de la libertad de actuar como quisiera. Vivía en una de las mejores casas de la finca. Hombre grosero e ignorante que solo escuchaba los consejos de su esposa. En muchas oportunidades, la propia mujer era directamente culpable de las acciones maliciosas realizadas por su marido. A pesar de ser menos responsable que su marido, debido a sus debilidades e inseguridades. Sin embargo, no cabía duda que ejercía una fuerza desconocida sobre él. Cuántas veces él llegaba a casa agotado por las actividades del día y albergando ideas de venganza contra un colono y ella hábilmente le sacaba esas ideas de la cabeza, haciéndole olvidar sus problemas. Otras veces era ella quien animaba a su marido a ir en contra del desdichado, dando rienda suelta a su capricho, vengándose de los desgraciados, que a su juicio no merecían consideración.

Tertuliano y Vitalina – así se llamaban –, vivían bien, estaban en sintonía. Cuando había algún desacuerdo entre los dos, uno de ellos se anulaba mutuamente, haciendo que el otro tuviera razón y las cosas siempre serían más fáciles. Se amaban y respetaban mutuamente. No tuvieron hijos, a pesar de quererlos. Quienes los rechazaron en otras vidas ahora no merecen recibirlos. La vida pasada sirve como matriz para los acontecimientos actuales, dándole a cada persona según su mérito.

Juan ahora sabía que Tertuliano estaba en otra existencia, tan vivo ahora ante él como lo estaba entonces. Se sentía Tertuliano, responsable de las desgracias y al mismo tiempo espectador de las atrocidades que se desarrollaban ante sus ojos y sus agudos sentidos. ¿Quién sería Vitalina? Si todos estuvieran de alguna manera vinculados con quienes conviven con ellos, ¿quién sería Vitalina? Intentó examinarla bien y cuanto más la miraba con interés, más cambiaba fisonómicamente ante sus ojos, transformándose finalmente en Lena. Sí, Lena había sido su esposa en esta vida de villanía ilimitada, de ahí la razón por la que había enfrentado todas las vicisitudes con ella. Ella no tenía la misma responsabilidad, pero sobre ella pesaba el resultado de innumerables hechos reprobables. Ella fue la autora intelectual y Tertuliano fue su albacea.

Vitalina se dejaba llevar con facilidad, asumiendo caprichos reprobables.

La ley divina es soberana, nada sucede a pesar de ella. Tenemos la libertad de hacer el bien o el mal en la construcción de nuestro futuro: felicidad y liberación, o infelicidad y confinamiento.

Las revelaciones fueron claras y concluyentes, sin dejar lugar a sofismas. Cuando Juan vio todo lo que sucedía frente a él, el dolor físico desapareció de una vez por todas. Es cierto que su espíritu se encontraba parcialmente fuera de su cuerpo, facilitando el fenómeno. Una sensación placentera dominaba todo su ser, estaba ausente de las cosas del mundo y ligado a las realidades espirituales. De hecho, tenía que ser así. Mentores espirituales presidieron el fenómeno, permitiendo a Juan estar perfectamente informado sobre parte de su pasado, la génesis de los sufrimientos de su vida presente. Juan se había hecho digno de estas revelaciones, dada su rectitud de carácter, sobre todo porque era necesario hacerle consciente de hechos que debían ocurrir en el futuro e incluso en la vida presente. Innumerables logros dependían de sus manos. Si, por un lado, era imprescindible saldar viejas deudas, por otro, era imprescindible prepararse para el futuro, que no sería nada fácil, al contrario, estaba lleno de dolor y de lágrimas amargas, lo cual requeriría comprensión y resignación única.

Entonces la revelación tomó un giro diferente e inesperado. Ante sus ojos apareció un nuevo hecho que marcó una decisión importante en su vida. El escenario era el mismo, pero Tertuliano ya era muy anciano, viudo desde hacía décadas, Vitalina ya había muerto de cáncer de pulmón. Su muerte no apareció en la revelación, pero Juan estaba plenamente consciente de lo que había sucedido.

La vida de Tertuliano estaba llegando a su fin. Infinidad de veces se cuestionó sobre la validez de sus reprobables actitudes en defensa de la propiedad ajena. Si hubiera tomado medidas diferentes, ¿no tendría ahora la conciencia tranquila? Al menos tendría el aprecio de todos y el apoyo necesario para sus días tristes. El arrepentimiento había comenzado su obra de regenerar esa alma culpable de innumerables crímenes. Lo que realmente ocurrió fue el beneficioso apoyo de Vitalina a su exmarido, haciéndole reflexionar sobre los desastrosos resultados obtenidos en su vida, donde predominaban actos indignos y reprobables.

Una mañana temprano, golpeado por una enfermedad repentina, Tertuliano partió hacia las sombras de la muerte. Su cuerpo fue encontrado días después ya en estado de descomposición. Su vida fue una vida de desamor, por lo que tendría sufrimientos inesperados por delante, hasta que surgieran nuevas oportunidades de redención. Jesús aclaró sobre el tema: *"habrá más alegría en el cielo por un pecador que se arrepiente, que por noventa y nueve justos que no necesitan arrepentimiento."* - Lucas 15:7.

17 LA VERDAD SIEMPRE TRIUNFA

Después de dos días angustiosos, Juan despertó. No recordaba las revelaciones; sin embargo, una sensación placentera dominaba su cuerpo. El dolor disminuyó considerablemente, persistiendo solo una gran debilidad que le imposibilitaba moverse con facilidad en la cama.

Lena, revelando celo, vigilaba su estado de salud con justificada preocupación. Había pasado dos días ajeno a todo, luchando, como si huyera de enemigos implacables e invencibles. La fiebre era muy alta, de ahí la impresión que deliraba. Ahora Juan estaba bien, estaba seguro que algo muy importante había sucedido en esos dos días de postración casi absoluta, pero no tenía ningún recuerdo de ello, solo la grata impresión de haber ganado una de las batallas más dolorosas de su vida actual y que sin duda, había recibido el apoyo de los más preciosos amigos espirituales, lo que le permitió superar la dureza de la lucha.

Lena no podría estar más feliz, después de todo esa criatura era muy querida en su vida, sabía de la ayuda espiritual que habían recibido. La ley divina, en vista de su justicia, exige reparación por los crímenes cometidos, pero actúa con misericordia, para que los culpables logren hacer las reparaciones indispensables. Jesús enseñó: "*Si sois malos, sabéis dar buenas dádivas a vuestros hijos, cuánto más vuestro Padre celestial.*" - Mateo 7:11.

Después de una semana, Juan estaba completamente restablecido y regresaba a su trabajo. Doña Cândida no lo apartó de sus ocupaciones habituales, dándole un voto de confianza. Llamándolo a su presencia, le dijo:

– Juan, no sé cómo pasó todo. Confío en ti. Un día la verdad saldrá a la luz, estoy segura. Tu trabajo es el mismo de siempre, manos a la obra.

Juan permaneció escuchando con la cabeza gacha, apenas doña Cândida terminó de hablar, se disculpó humildemente y se alejó. Nadie esperaba tal reacción por parte de doña Cândida, todos quedaron sorprendidos. Es cierto que la jefa siempre se mostró comprensiva y tolerante, actuando solo con rigor cuando la falta era grave y no tenía atenuantes.

La forma en que se llevó a cabo el robo del anillo indicaba más una trampa que un delito cuya responsabilidad fue atribuida a Juan. Pero ¿cómo se explicaba esta situación? Juan tenía pruebas en su contra y nada a su favor. No le interesaba descubrir al autor de la "picadura" criminal que tanto daño le había hecho. De ahí su tranquilidad; sería peor si realmente fuera culpable y hubiera quedado impune, entonces sí, su conciencia quedaría mancillada por el crimen.

Además, se había despertado muy feliz y no sería una tontería como esa que le quitaría el buen humor. Todos sus compañeros de trabajo lo miraron con extrañeza; algunos desconfiados, que no creían en su inocencia; otros estaban convencidos que se trataba simplemente de otro golpe preparado, como habían tenido innumerables oportunidades de descubrirlo. Situaciones astutamente preparadas para culpar a personas que eran "piedras en el camino" de individuos sin escrúpulos. Sin embargo, lamentablemente no se conocía a los verdaderos perpetradores, solo sus víctimas fueron juzgadas y castigadas cruelmente, a pesar de haber jurado su inocencia.

Todos los crímenes, a pesar que muchos se cometieron en el anonimato, se conocerán algún día. La verdad siempre triunfa en su incansable lucha contra la ignorancia humana.

Cuando el individuo reconoce el mal que aun vive en su conciencia; es decir, el compromiso reprobable contra sus hermanos en flagrante desprecio a la sabia y justa ley divina, entonces comienza su rehabilitación moral. Quien tenga la conciencia tranquila, dondequiera que esté, estará siempre en el cielo; quien tenga la conciencia preocupada, dondequiera que esté, siempre estará en el infierno. El cielo y el infierno son estados de conciencia, nada más.

Las criaturas humanas actúan y reaccionan de acuerdo con su propia evolución. El crimen atribuido a Juan había suscitado diferentes reacciones en la comunidad. Algunos admitieron su culpabilidad, otros lo juzgaron inocente, sin tener; sin embargo, elementos esclarecedores que lo absolvieran. Los patrones aceptaron las cosas con reservas, especialmente doña Cândida. Jerónimo había tomado las medidas que, a su juicio, el caso requería, pero sin convicción, como ejemplo para los demás colonos, a fin de prevenir posibles abusos en el futuro.

Lena merece una cita aparte: por su conducta fraternal no dudaba del carácter de su amigo, lo conocía muy bien. Era una criatura excelente que nunca se apropiaría de los objetos ajenos, a pesar de la situación de miseria en la que vivía. Materialmente pobre, espiritualmente rico. Lena estaba feliz de poder demostrar una vez más su dedicación a Juan, a quien valoraba más que nunca. En lo más íntimo de su alma sensible, algo le aseguraba que la vida de su querido compañero estaba íntimamente ligada a la suya propia. Por tanto, debería hacer todo lo posible para defenderla, incluso si fueran necesarios actos singulares de renuncia y abnegación.

Cuántas amarguras se han superado y cuántas aun por superar. Lena y Juan seguían felices, sabiendo el camino legítimo a seguir en busca de la redención definitiva.

18 CRIMEN ANTE LOS OJOS DE DIOS

Joana... la desgraciada Joana, atormentada por el remordimiento, viendo lo que le había pasado a Juan y sabiendo toda la verdad, se iba consumiendo poco a poco. Ella ya no era esa sirvienta diligente y servicial. Todas las noches repasaba mentalmente los acontecimientos que culminaron con el castigo injustamente impuesto a Juan, quien había aceptado la flagelación con resignación, sin rebelarse jamás contra nadie, al contrario, atado al cepo, humilde y herido, rezaba por el verdadero responsable. Aceptó todo pasivamente, confiando en Jesús. Y ella, ¿qué hizo? ¡Nada! Ante la amenaza de Chico, silenció sus labios, resultando en el castigo de un hombre inocente. Estos acontecimientos marcaron su espíritu con el fuego del remordimiento, que aniquila las mejores flores de esperanza, de liberación, de amor.

Una mañana, cuando el dolor se hizo más intenso, asfixiando su alma, arrojándola a un mar de sufrimiento insoportable, pensó que encontraría en el suicidio la solución ideal a sus angustiosos problemas. Seguir viviendo así no era vida, y es más, podía volverse loca, tomando atajos desconocidos, cuyo destino desconocía por completo. Dicen que la muerte es el fin de todo, por eso es mejor morir que vivir así, llevando consigo, dentro del pecho, el fuego del arrepentimiento.

Así, Joana, alentada por entidades sufrientes, que se sumaban a ella por la sintonía de pensamientos y sentimientos depresivos, se dejó envolver por la idea del suicidio, ingiriendo una gran dosis de veneno, que actuó rápidamente, anulando las pocas fuerzas en su cuerpo debilitado por la amargura resultante del crimen perpetrado, que la llevó a la muerte.

Quien se suicida como única solución a los angustiosos problemas de la vida está completamente equivocado. La vida no tiene fin, es una herencia eterna otorgada por Dios a sus hijos, cuyo propósito es el progreso creciente del ser humano hasta alcanzar la perfección espiritual. El suicida se enfrenta en la espiritualidad a situaciones desesperadas, más intensas y dolorosas que las que encontró aquí en la Tierra. Nadie tiene derecho a poner fin a su propia vida. El cuerpo muere, desaparece; el espíritu; sin embargo, seguirá viviendo, respondiendo por las acciones realizadas, en cumplimiento de la sabia, eterna e inmutable ley divina.

Cabe señalar también que en futuras encarnaciones el espíritu culpable enfrentará problemas mayores y más angustiosos que pueden incluso marcar su nuevo recipiente físico con consecuencias irreversibles, consecuencias naturales de su comportamiento irreflexivo.

Cuántas personas viven actualmente vidas dolorosas, marcadas por suicidios cometidos en otras vidas. El abandono de la vida orgánica no acaba con la amargura, al contrario, la complica considerablemente, creando matrices de sufrimiento que solo vidas sucesivas podrán eliminar de una vez por todas.

La terapia recomendada para curar enfermedades consideradas insoportables es, sin duda, la oración, la paciencia, la comprensión, la resignación, la confianza en Dios, combinadas con el estudio de la verdad y la labor noble encaminada al bienestar de los demás, como enseñó Jesús a lo largo de su vida misionera.

Así, escapar por las puertas de la muerte representa siempre el crimen más grave a los ojos de Dios, que, tarde o temprano, tendrá que ser reparado, con dolor y lágrimas regeneradoras.

Joana, por ignorancia, había elegido el peor camino, irrespetando las leyes divinas. En el futuro, encontraría angustiosas reencarnaciones aquí en la Tierra, destinadas a su regeneración moral. Sin embargo, hay que aclarar que en el plano espiritual Joana ya sufría terribles amarguras, pues la vida seguía de la misma manera, a lo que se sumaba el no poder poner fin a su propia vida.

Sin embargo, recordemos a un personaje que no puede ser relegado a un segundo plano, por su participación activa en muchos casos dolorosos e indirecta en muchos otros, como coordinador e instigador de actos reprobables. Chico, es su nombre.

De no haber sido por su maquiavélico plan de dañar a Juan, con la complicidad de Joana, ésta no se habría suicidado. Pronto Chico también asumió compromisos en el acto loco de Joana quien, vencida por la desesperación, carcomida por el remordimiento, optó por la muerte, para solucionar sus angustiosos problemas de conciencia.

Lamentablemente, Chico aun no tenía las condiciones íntimas para evaluar los compromisos asumidos ante las leyes de Dios, que son soberanamente justas, eternas e inmutables. Deudas que habría que saldar en otros viajes terrenales.

Chico nunca había pensado en Dios, solo tenía en mente sus pequeñas metas y para alcanzarlas haría cualquier cosa, incluso hacer infelices a sus semejantes. Lo que le importaba eran los fines, sin tener en cuenta los medios. De espíritu ignorante y vengativo, quería casarse con Izaura para tener acceso a las riquezas de la familia. Tenía una pasión enfermiza por la niña, lo que puso a Izaura en una situación peligrosa, ya que ella no era consciente de lo que podía pasarle. Si Chico perdiera por completo la esperanza de poder malcriarla, entonces se convertiría en un serio enemigo, no solo de Izaura sino de toda su familia.

19 CONSIDERACIONES ÚTILES

Con el suicidio de Joana, Chico se tranquilizó. El único testigo de cargo en el caso del robo del anillo de doña Cândida ya no pertenecía a este mundo. Su astuto plan no dio resultados completos, ya que Juan seguía mereciendo la confianza de la gente de la casa grande. El castigo que sufriera como pseudoculpable, en lugar de aislarlo de la comunidad, atrajera más amigos, incluso aquellos que le eran indiferentes, se convirtieron en sus amigos, comprensivos con su sufrimiento. Juan y Lena, los que más sufrieron, habían perdonado a todos y a todo.

No estaban interesados en conocer al verdadero autor de tan atroz plan, que tenía como objetivo su expulsión definitiva de la casa del señor Jerónimo.

Chico, lamentablemente, se reveló insensible hacia los auténticos valores de la vida, siempre luchando por conquistar los bienes terrenales y poder luego merecer el amor de Izaura. Pero ella ni siquiera sospechaba de sus oscuros pensamientos. Consciente de su fama de matón, actuaba siempre con excesiva violencia a la hora de castigar a alguien que, en su opinión, había hecho algo reprobable, perjudicando los intereses de "Amanecer."

Juan y Lena, tanto como pudieron, hablaron de las enseñanzas del Evangelio, encontrando en sus páginas las soluciones ideales para sus amarguras.

– El Espiritismo es una religión, porque se basa en el amor de Dios sobre todas las cosas y del prójimo como a nosotros mismos, como lo ejemplificó Jesús – dijo Lena, una vez, con convicción.

– Perfectamente – respondió Juan –. Yo pienso lo mismo. La Doctrina Espírita es el complemento del Evangelio. Ella es sin duda el Consolador prometido por Cristo, su misión no es solo hacer recordar a los hombres lo que enseñó el Mesías, sino también completar sus enseñanzas, comparándolas con nuestro tiempo.

– Dije, Juan, que el Espiritismo es la religión legítima, porque tiene la capacidad de acercar al hombre a Dios. La criatura del Creador – añadió Lena.

– Lena, si no fuera por las lecciones evangélicas, no hubiéramos comprendido el sufrimiento por el que pasamos. Hoy somos perfectamente conscientes que los crímenes del pasado han generado dolores correspondientes en nuestra existencia actual, para que podamos liberarnos de los compromisos asumidos con desprecio de la ley suprema.

– ¡Ciertamente! – Dijo Lena, que seguía de cerca el razonamiento de su amigo.

– Coexisten determinismo y libre albedrío. Si por un lado cosechamos de lo sembrado en otras vidas, por otro lado sembramos ahora para cosechar en el futuro...

– Solo así podremos comprender la sabiduría, el amor y la justicia divina – añadió Lena.

– ¡Lena, bendito dolor! Elemento de purificación de nuestras almas, aun atrapadas por deudas cometidas en experiencias pasadas. ¡Bendito dolor!

– Juan, si no existieran la reencarnación o las vidas sucesivas, ¿cómo entenderíamos las desigualdades que se dan sobre la faz de la Tierra, donde los sabios y los ignorantes, los ricos y los pobres, los perfectos y los imperfectos, los sanos y los enfermos viven uno al lado del otro, teniendo en cuenta la perfección absoluta de Dios?

– Los principios de la reencarnación están contenidos en las notas evangélicas, pero de manera velada, porque la Humanidad no estaba lo suficientemente madura para poder comprender esta sabia ley de equidad.

- Por supuesto - estuvo de acuerdo Lena.

– En diálogo con Nicodemo, doctor de la ley, Jesús dijo que para ver el reino de Dios era necesario nacer de nuevo - Juan 3:3. No había duda que Juan Bautista era la reencarnación de Elías - Mateo 11:14 -, ni siquiera los discípulos ignoraban esta verdad, como lo afirma el propio Evangelio - Mateo 17:12 y 13.

Hicieron una pausa en el diálogo, evocando nuevos ángulos sobre el tema; entonces Lena volvió a hablar y dijo:

– Las criaturas humanas evolucionan de experiencia en experiencia, de etapa en etapa, de encarnación en encarnación, hasta alcanzar la perfección, aunque esto es siempre relativo.

– Muy bien, así es – felicitó Juan.

– Una vez completada la etapa de aprendizaje en un mundo, cuando el ser complete todos los progresos relacionados con ese mundo, será entonces promovido a otro mundo, donde podrá continuar su peregrinaje evolutivo en la cinta infinita del tiempo.

– ¡Bravo, Lena! Tus conclusiones son excelentes. Hay mundos primitivos, de expiación y de pruebas, regeneradores, dichosos o felices, celestiales o divinos. La Tierra pertenece a la segunda categoría: la de expiación y de pruebas – concluyó Juan.

– Por eso todavía hay mucho sufrimiento en la Tierra. El hombre necesita purificarse espiritualmente, limpiar las manchas de su conciencia, las consecuencias de los crímenes cometidos en vidas anteriores. Cualquier ataque a la ley divina en perjuicio del prójimo implica un sufrimiento de la misma naturaleza para reparar el delito previamente cometido.

– Jesús dijo acerca de la necesidad del escándalo, pero ¡ay de cualquiera que cometa escándalo - Mateo 18:7. Lo que equivale a decir: en la Tierra hay necesidad de dolor, pero ¡ay de quien hace sufrir al prójimo!

En ese momento concluyeron la conversación diciendo una sincera y espontánea oración de agradecimiento al Padre celestial por la jornada de fructífero estudio y trabajo que disfrutaron.

20 PLANES DE LIBERACIÓN

Los meses pasaron rápido sin novedades, todo era rutina, mucho trabajo y alimentación controlada. En la granja vivían decenas de trabajadores esclavos. Los colonos recibieron poco y estaban en deuda con "Amanecer", lo que les hizo imposible salir. Primero que nada, necesitaban saldar sus deudas y no tenían cien. A veces uno de ellos se atrevía a escapar, pero pronto era capturado nuevamente por el capataz y sus asociados, y severamente castigado. El camino asfaltado que daba acceso a las ciudades más cercanas quedaba alejado de la propiedad.

Lena y Juan ya habían hablado del tema. No podían permanecer más tiempo sin tomar algunas medidas al respecto, de lo contrario tendrían que permanecer allí hasta el final de sus vidas, siempre temerosos que ocurrieran hechos dolorosos, como el caso del robo de las joyas de doña Cândida, en el que Juan pagó por lo que no hizo.

Una vez que Juan fue a recoger leña para la estufa, se alejó un poco de la masía y se le ocurrió una idea: trepar a un árbol más alto para investigar los alrededores, dándose cuenta que realmente el camino debía estar bastante lejos... Desde donde estaba no podía verlo.

Por la noche Juan informó a Lena de lo que había hecho. La mayor esperanza era poder contar con la ayuda de amigos de la espiritualidad.

– Lena, el camino no está cerca, ¡no!, pero si actuamos inteligentemente todo puede salir bien – añadió Juan.

– No lo sé, no. Ya conoces a los verdugos aquí, si nos atrapan nos castigarán salvajemente. Tengo bastante miedo. Es cierto que así no es la vida, realmente tenemos que hacer algo, pero no sé cómo.

– Hay un camino que supongo conduce a la carretera, frecuentemente recorrido a caballo por Chico y sus secuaces. Si conseguimos un caballo podremos recorrer perfectamente el camino, así que si tenemos la suerte de viajar en coche o camión, finalmente seremos libres – dijo Juan, lleno de optimismo.

– El plan me parece viable, pero bastante arriesgado, incluso tendríamos que sacar un animal de la granja...

– No hay reparos, al fin y al cabo hoy nos están robando. ¿Sabes cuánto tiempo llevamos viviendo aquí bajo esclavitud? ¡Cinco años completos!

– ¡¿Todo esto?! ¿No te equivocas? – Preguntó Lena, perpleja.

– Estoy seguro de lo que digo.

– Juan, no te preocupes, todo saldrá bien algún día.

– Exacto, pero no está de más pensarlo ahora, sobre todo porque la oportunidad podría surgir en cualquier momento, de ahí la necesidad de estar debidamente preparados para que la fuga dé resultados positivos.

– ¡Estoy de acuerdo!

– Si no conseguimos caballo, entonces tendremos que recorrer el difícil camino a pie, abandonando el camino que normalmente se elige. La distancia es mayor al huir por el bosque, pero estaremos resguardados por los árboles...

– Tengo miedo... mucho miedo, podemos fallar...

– Tenemos que intentarlo o nos quedaremos aquí el resto de nuestras vidas. Siento que casi ha llegado el momento de partir en busca de otro destino – concluyó Juan.

Después de estas consideraciones, dijeron las oraciones de la tarde, pidiendo a Jesús que protegiera a todos los de la localidad, especialmente a los verdugos de aquella gente humilde. Nadie nace destinado a hacer el mal, al contrario, Dios hace todo para que sus hijos sigan el camino del bien y de la verdad. Sin embargo, al hombre que utiliza su libre albedrío le resulta más fácil tomar los atajos de la ilusión, dando paso al egoísmo y al orgullo, complicando así su propia vida.

Los espíritus a lo largo de innumerables vidas adoptan las mismas costumbres. Pasan los siglos y a las criaturas les resulta difícil abandonar hábitos arraigados en sus almas. Mientras el ser no sea consciente de sus propias imperfecciones morales, no podrá superarlas.

Chico y sus compañeros vibraron de alegría al sorprender a alguien desaparecido. Luego de castigarlo, llevaron a la víctima ante el señor Jerónimo, quien los elogió por cumplir con su deber, recompensándolos económicamente y concediéndoles tiempo libre para que pudieran divertirse en la ciudad más cercana. ¿Cuánto tiempo seguirían las cosas así? No lo sabían.

Juan y Lena supieron ahora que el dolor es un instrumento de purificación. Cuanto más sufre el ser, más se refina y se vuelve capaz de asumir nobles compromisos en el futuro. Nada sucede sin tu propio esfuerzo.

Si una persona no tiene condiciones íntimas favorables para obtener los dones espirituales, ciertamente no los recibirá. ¿Es culpa de Dios? ¡No, absolutamente no!

Dios concede los recursos necesarios a favor de todos sus hijos, sin discriminación, para progresar y liberarse de los males morales. Es el individuo el que no se posiciona íntimamente para merecer las bendiciones del Padre celestial. Cuanto más buscamos identificarnos con Dios a través de su ley de amor, más lo sentimos dentro de nuestro corazón, en lo más profundo de nuestra alma sedienta de progreso.

Dios es infinito y eterno, presente en todas partes, por eso está alrededor de nosotros y dentro de nosotros; sin embargo, para sentirlo es imprescindible vivir su voluntad sabia y justa, sirviendo a nuestros semejantes sin nada más que amor cristiano.

21 LA INFELICIDAD DE MARINA

Al día siguiente, Tiana, una de los colonos, llevó a su hija a presencia de doña Cândida. La niña tenía apenas dieciséis años y estaba embarazada. No quería revelar el nombre del padre por miedo a ser castigada. Le contó a su madre que desde hacía algún tiempo la obligaban a tener relaciones sexuales con uno de los sinvergüenzas de la finca, persona de confianza del patrón. Si Marina no cediera a sus apetitos animales, sus padres serían perseguidos y perjudicados. Entonces, por miedo y para salvar a sus padres, se sometió a la voluntad degradante del sinvergüenza.

Chico y sus compañeros fueron llamados a la presencia de doña Cândida. Al enterarse del incidente, lo negaron categóricamente, incluso parecían "angelitos." Marina no dijo nada, aterrorizada por lo que podría pasarles a sus padres como represalia.

Por la noche, Lena y Juan intercambiaron algunas opiniones sobre el asunto, lamentando lo sucedido, sobre todo porque el crimen había sido cometido contra un menor de edad, indefensa y no preparada para la vida.

– ¿Sabías, Lena, lo que dijo Manoel, un peón en la casilla cinco?

–No.

– Piensa que estos delitos solo requieren la pena de muerte. Después de castigar a algunos con la pena de muerte, los demás, temerosos de correr la misma suerte, pensarían más antes de atreverse a la misma hazaña, informó Juan.

– No comparto esa opinión. Si Dios es justicia ilimitada, nada sucede sin su ayuda. Lo que desgraciadamente está sufriendo Marina es reflejo de la misma actitud que tuvo en el pasado ante el daño de alguien. Es hora de cosechar – dijo Lena.

– Ciertamente. Más aun, dependiendo de cómo se vea el evento, las cosas pueden mejorar o empeorar. No podemos olvidar tampoco que todos los renacimientos reciben la aprobación divina, sin la cual las reencarnaciones nunca tendrían lugar.

– Tiana aconseja a su hija que acepte al bebé con amor. Los miembros de una familia, casi siempre, son criaturas unidas entre sí desde un pasado lejano y que, por la misericordia divina, se han reunido una vez más en busca de la reconciliación y el progreso moral - dijo Lena.

Y Juan, confiado en la justicia de Dios, dijo:

– El responsable debe esperar el momento de la reparación del delito, expiación del delito. Las leyes que rigen el Universo no fallan ni se omiten, dándose a cada uno según sus obras, como lo deja claro la Buena Nueva de Cristo.

Y demostrando confianza en el conocimiento del tema, la joven comentó:

– Feliz aquel que conoce la verdad y busca vivirla intensamente durante sus experiencias del día a día. La pena de muerte es solo otra forma de violencia y sabemos que la violencia genera violencia. Esa es la verdad, Juan.

Al final de la conversación nocturna, antes que todos se dirigieran a su habitación, Juan dijo:

– No es fácil aceptar ciertos hechos cuando no se conoce su génesis. Por eso el Espiritismo es una Doctrina consoladora, porque arroja luz sobre los problemas más intrincados con una lógica irrefutable. Lena, intentemos ayudar lo máximo posible no solo a Marina sino también a sus padres que, por supuesto, están sufriendo mucho.

Al cabo de unos días, Juan habló con Pedro, el padre de Marina, intentando aconsejarle que no le hiciera nada a nadie; sería más embarazoso para la vida, que ya de por sí es bastante complicada.

– Pedro, sé inteligente, acepta las cosas como son, no te rebeles. Tienes otros hijos que necesitan tu apoyo; tomar medidas drásticas contra alguien también dará lugar a otras represalias. En cambio, si colocas una piedra encima, pronto todo quedará olvidado. ¿Quién sabe si el niño que llega es uno de nuestros amigos de otras vidas que quiere ayudarnos a superar las dificultades del camino? Piensa con cuidado. Siempre que necesites algo búscame, soy tu amigo y estaré incondicionalmente a tu disposición.

Lena siguió el ejemplo de Juan, guiando a Tiana, para que pudiera apoyar con amor a su hija, que se sentía tan infeliz.

– Tiana, Dios lo sabe todo y te ayudará en el momento adecuado. Acepta con amor a tu nieto, él viene a alegrar tu vida y tu modesto hogar. Olvida las circunstancias de tu nacimiento. La voluntad de Dios debe ser aceptada con humildad y sumisión. Las vicisitudes de hoy son el remedio adecuado para nuestro mal, rehabilitándonos de una vez por todas, librándonos de crímenes cometidos irreflexivamente en vidas pasadas. Sé que no entiendes bien mis palabras, pero volveré una y otra vez para contarte muchas cosas hermosas que tú, amiga, aun no sabes – agregó Lena.

–Muchas gracias. Ven a menudo.

Los padres de Marina, considerando el hecho en la forma en que Lena y Juan se concentraron, se sintieron menos infelices, aceptando la voluntad divina. Luego hablaron largamente con su hija, poniéndose a su lado, sin ninguna restricción, sobre todo porque Marina se había visto obligada a aceptar tal situación, para defenderlos de graves represalias. Ahora pudieron evaluar y discernir bien los hechos. Su amada hija había sido víctima de un sinvergüenza que merecía lástima, porque no sabía lo que había hecho. Había contraído una deuda que tendría que pagar con dolor y lágrimas en idénticas circunstancias.

Marina y sus padres también estaban redimiendo crímenes cometidos en otras vidas. La ley de Dios es soberana, actúa con justicia y misericordia, dando a cada uno de sus hijos, según sus necesidades y méritos.

22 ENERGÍA Y AMOR, DOSIFICADOS

La llegada de un nieto es siempre un regalo maravilloso, sobre todo porque los abuelos son padres por partida doble. Pedro y Tiana esperaban con intensa expectación el nacimiento del hijo de Marina, pero no ocurrió lo mismo con la mujer embarazada, dadas las violentas condiciones en las que había concebido. La violencia deja surcos profundos en el alma, enfermándola durante mucho tiempo. Ciertos episodios solo el tiempo puede borrarlos, pero cada vez que regresan a nuestra mente, comenzamos a revivirlos y el sufrimiento vuelve a la memoria traído por las marcas del pasado. Acerquémonos a un lago de aguas claras y tranquilas. Basta con remover sus profundidades con un palo y el agua se volverá turbia y fétida.

Los ideales de Marina eran muy diferentes; tener hijos, sí, la maternidad es una bendición divina. Cuando una mujer es madre alcanza niveles de felicidad nunca imaginados o pensados. Incluso en los momentos más difíciles, la madre siempre encuentra el coraje y la fuerza para lograr lo mejor. Las tareas maternas están hechas de dedicación y renuncia. Cuando el niño presenta limitaciones graves, tanto físicas como mentales, entonces se desvive por prestar atención y cuidado, yendo más allá de sus posibilidades normales de amar. Se desenvuelve en tareas sacrificadas, porque el enfermo es su hijo, fruto de sus entrañas, dependiente de su afecto, necesitado de sus cuidados maternos.

Marina quería tener hijos, pero no como resultado de una violación sino del amor inconmensurable entre dos criaturas que se quieren, que se buscan, en el sentido de completarse, alcanzar ideales sublimes. Pedro y Tiana, guiados por Juan y Lena, se esforzaron por olvidar el triste episodio que había envuelto a su hija. Marina, en cambio, no se resignaba tanto a la situación. Por las noches solía tener horribles pesadillas, despertando gritando, despertando a sus padres y a otros hermanos.

Lena y Juan, siempre que fue posible, intentaron aclararle sobre el nacimiento de su hijo.

– Nos solidarizamos contigo – dijo Lena –. Sin embargo, no podemos olvidar que todo renacimiento lleva el aval de la espiritualidad superior, sin la cual nadie puede regresar a la faz de la Tierra para una nueva peregrinación de superación espiritual.

– Perfectamente – añadió Juan, que escuchaba atentamente las consideraciones de su amigo.

– Superaste una de las etapas más difíciles de tu vida, saldaste una de las deudas más grandes, así que dale gracias a Dios. Espera con mucho amor la llegada del bebé. Que sea fuerte, sano, inteligente – finalizó Lena.

Marina sonrió... una sonrisa triste... pero finalmente fue una sonrisa, eso era lo que les importaba a sus dos sinceros amigos, quienes harían todo lo posible para ayudarla a superar heroicamente las dificultades de su vida.

El embarazo transcurrió con normalidad, sin contratiempos. Marina se salvó físicamente, sin dejar de trabajar, pero nunca se esforzó demasiado. A partir de las orientaciones recibidas, trató de alimentar pensamientos optimistas, dejando de lado la amargura, porque la tristeza no paga deudas – como dice la sabiduría popular.

Dependiendo del tiempo disponible y de los recursos económicos, empezó a confeccionar la canastilla del bebé, ahora tan esperado. Las madres son las criaturas más generosas del mundo, siempre dispuestas a darlo todo por sus hijos, recibiendo a menudo ingratitud a cambio. Cuando los niños son educados con "energía y amor equilibrados", se vuelven más conscientes de sus obligaciones y deberes, respondiendo a los deseos de sus padres. Hoy en día, con la modernidad, las cosas se vuelven cada vez más difíciles, dada la excesiva liberalidad que otorgan los padres sin conciencia de los contratiempos que ofrece la vida. La libertad sin responsabilidad lleva a jóvenes no preparados a cometer graves errores, con graves repercusiones en el seno de la familia y la sociedad.

Innumerables personas afirman que hoy en día los niños son más difíciles de educar, dada la vivacidad y la inteligencia que revelan. Consideran que antes era mucho más fácil cuidar a los niños. De hecho, los niños de hoy son mucho más inteligentes que ayer, pero los padres de hoy, debido al nivel de educación que tienen y la experiencia que disfrutan, también tienen mayores recursos para educarlos que los padres de la generación pasada. Niños más inteligentes con padres más capaces de guiarlos.

Lo que realmente ocurre con mucha frecuencia es la omisión paterna en innumerables casos. La alienación de los padres ha llevado a los menores a seguir otros consejos no siempre dignos, en la mayoría de los casos incluso reprobables. Como vía de escape, ceden a las adicciones, especialmente a las tóxicas.

Vale resaltar la gran responsabilidad de los padres hacia sus hijos, pequeños confiados por Dios a su cuidado. Un día tendrán que dar cuenta de la protección que recibieron. En la crianza de los hijos, como en todo en la vida, deben ir juntos la sabiduría y el amor, grandes medicinas en la redención de la Humanidad.

Marina esperaba con ansiedad a su futuro hijo, había aprendido a amarlo, gracias a la amorosa y sabia guía de Juan y Lena. Pedro y Tiana, por su parte, también vieron la llegada de su nieto como un acontecimiento de lo más alegre, ambos querían mucho a los niños. Probablemente serían abuelos búho.

A pesar de la pobreza en la que vivían, nada les impidió soñar en grande para la generación futura. Así vivía el matrimonio de ancianos, Pedro y Tiana.

Aun no se había considerado el nombre que le darían al niño. Sería lo más bello posible y debería ser tratado como un pequeño rey, con mucho amor y especial cuidado, para que la gente creciera, gente con G mayúscula, como decía con euforia Pedro, el futuro abuelo.

23 ADVERTENCIA SEVERA

Jerónimo llamó a Chico a su presencia, junto con los tres secuaces: Tibúrcio, Leoncio y Toño, para advertirles sobre la violencia cometida contra la más joven Marina. No quiso señalar quién fue el responsable de la violación. Los cuatro compañeros hicieron un pacto de silencio y fueron demasiado comprometidos con una larga serie de crímenes, de ahí que ninguno de ellos se atreviera a nombrar al responsable de la crueldad.

Al entrar al porche de la casa grande, Jerónimo los miró fijamente a los ojos, como para desafiarlos.

– Hace tiempo que quiero hablar con ustedes; no intenté hacerlo antes, porque pensé que sería mejor hacer una investigación por mi cuenta para descubrir quién era el responsable de la violencia ejercida contra Marina – dijo Jerónimo.

No hablaban, estaban inmóviles, ni un solo músculo de sus rostros se movía, dando la impresión de ser las personas más inocentes del mundo.

– Como no logré nada concreto, decidí tener una conversación seria con ustedes; no quiero que después alegue ignorancia. No me gustó nada lo que se hizo. Como la más joven no quiere decir nada por temor a represalias contra sus padres, parece que tendremos un caso sin solución - el granjero hizo una nueva pausa y comenzó a examinar mejor a los cuatro empleados. Al cabo de unos minutos volvió a hablar:

– Saben que soy un hombre enérgico y no tolero la violencia hacia las niñas aquí en la granja. Sí, castigo a los holgazanes y a los revolucionarios que causan problemas a la propiedad. Cualquiera que sea disciplinado y trabajador lo tiene todo conmigo. Uno de ustedes cuatro es el autor de la violencia contra la hija de Pedro. Solo quiero ver a quién se parecerá el niño. Será la mejor y más segura forma de atrapar al criminal. Un día después lo sabremos todo y luego ajustaremos cuentas. Sin embargo, quiero dejar muy claro que no se tolerará otro crimen de este tipo. Los cuatro serán considerados responsables y serán severamente castigados como tales. ¿Escucharon? ¡Tengan mucho cuidado, sé tú quien avise a tu amigo!

– Jefe... – comenzó a decir Chico.

– No quiero ninguna conversación, si no quieres señalar al criminal, nada de charlas triviales. Ya dije lo que era necesario. Cualquiera que tenga miedo de ser castigado severamente debería ser inteligente y mantenerse a raya. No me gustó nada lo que pasó. Ahora a trabajar... ¡a trabajar! – concluyó Jerónimo, algo alterado.

Vale aclarar que Jerónimo tampoco era una flor para oler. Lleno de artimañas, buscó llevar a cabo sus intenciones sin considerar los medios ilícitos que se utilizaron para lograrlo. Como agricultor, explotó a los colonos, pagándoles poco y atándolos a compromisos financieros, haciéndoles imposible abandonar la finca. Solo concedió lo estrictamente necesario, nada más.

El abuso cometido contra Marina podría tener graves consecuencias, de ahí su actitud contra los cuatro sinvergüenzas, dejando muy claro respecto a los castigos que se aplicarían a los reincidentes. Jerónimo había adoptado esta posición en respuesta a una petición de su esposa, que de ninguna manera toleraba comportamientos animales en detrimento de aquellos desprotegidos por el destino.

El aviso había sido efectivo, el clima era diferente, ¿hasta cuándo? No lo sabemos.

Pasaron unos meses sin mayores novedades. Chico y sus compañeros comenzaron a respetar a los trabajadores, naturalmente para no dar motivos de descontento al patrón. Rara vez se les veía hablando entre sí, para no dar la impresión de insubordinación frente a las órdenes dictadas. Sabían que la cuerda siempre se rompe por el lado más débil.

Además, como ya se mencionó, Chico tenía el deseo de casarse con Izaura, por lo que no quería faltarle el respeto de ninguna manera a las órdenes que había recibido. Cualquier desacuerdo en este momento con el Sr. Jerónimo podría ser fatal para sus objetivos. Aunque nadie conocía sus propósitos inferiores, ni siquiera sus amigos. Sabía que el secreto es el alma del negocio. Así es, para Chico el matrimonio era un negocio, a pesar de su enfermiza pasión por la muchacha.

La felicidad legítima no es de este mundo, si tenemos en cuenta la inmadurez y la ignorancia en que aun vive la Humanidad. Sin embargo, todas las personas que están satisfechas con lo que tienen, que no aspiran a logros absurdos y que confían en la sabiduría y la justicia de Dios, son felices. La felicidad eterna solo se alcanzará cuando el hombre se reconcilie con su pasado de crímenes, haya alcanzado la evolución intelectual, moral y espiritual, cuando sea plenamente consciente de todo lo que la escuela del mundo ofrece en términos de progreso espiritual. Es similar al estudiante que solo podrá graduarse cuando domine todas las materias escolares obteniendo las calificaciones imprescindibles para la realización del curso.

Si así es en la Tierra, a pesar de la confusión reinante, en la espiritualidad los valores serán evaluados correctamente, sin fallos ni omisiones. Los logros sublimados dependen de la buena voluntad, el esfuerzo, la perseverancia y el amor.

Forzar situaciones sin merecerlas, como pensaba Chico, es complicar la vida y atraer sufrimientos inesperados y reparaciones dolorosas.

24 LA PERSPECTIVA DE ESCAPE

Carlos e Izaura, los hijos del granjero, regresaban de la ciudad, donde habían ido a hacer unas compras para su madre y estaban radiantes con la noticia de lo aprendido. El día quince del mes siguiente se realizaría una fiesta de rodeo. En las plazas de la ciudad, el Ayuntamiento había colocado grandes carteles informando sobre la fiesta. Fue el primer rodeo de la región, reuniendo a los peones más grandes en grandes desafíos, incluso se harían grandes apuestas, involucrando a los apostadores más adinerados.

El Ayuntamiento fue el promotor del acto y no quiso regatear dinero en el acto en cuestión. En estas ocasiones las cosas se hacen con un trasfondo político. Los recursos pertenecen al Municipio y las ganancias las obtienen algunos políticos ambiciosos de alcanzar puestos más altos, tal vez incluso aspirando a un lugar en los niveles más altos de la política nacional.

Lena había escuchado todo sin decir una palabra, los jóvenes estaban eufóricos. Al fin y al cabo, la competición sacudiría la región, que había sido monótona durante muchos años. La gente de la casa grande se puso a hacer proyectos sin dudarlo. Todos querían asistir a la fiesta y competir, además de tener la oportunidad de ver a amigos de la zona. Cuando Jerónimo llegó a cenar esa noche, se enteró del asunto. La sorpresa fue de las mejores, pues esto le permitiría llevar algunos animales a las competencias, así como adquirir algunos ejemplares de excelente linaje para cruzar con los suyos, obteniendo crías más fuertes y sanas, y aun más productivas en leche. También se inclinaba por comprar algunos caballos, siempre que fueran pura sangre. Previó la posibilidad de empezar a criar caballos de carrera. Algunos amigos le dijeron que era una gran inversión, si los animales estaban bien seleccionados.

La noticia corrió como la pólvora por "Amanecer." Todos estaban emocionados, nadie pensó en quedarse fuera, todos querían participar en los concursos y poder competir por los ansiados premios. El primer puesto lo ganaría un caballo de raza refinada y de "pedigrí" acreditado. Quien se llevara este premio seguramente habría ganado decenas de miles de reales.

Sin embargo, hubo un problema. Los colonos debían permanecer en la finca, bajo el mando de alguien en quien el propietario confiaba. ¿Quién sería la mejor persona para la tarea de retaguardia, asegurando la disciplina en "Amanecer"?

Se acercaba la fecha prevista para el evento, todos estaban contentos. Jerónimo envió a su hijo a la ciudad para conseguir un cartel y el reglamento del concurso. De esta forma, todos sabían que la fiesta se prolongaría durante toda la tarde, hasta la noche, cuando tendría lugar una gran barbacoa ofrecida por el Ayuntamiento a todos los vecinos.

Jerónimo inscribió a algunos hombres de la finca acostumbrados a trabajar como vaqueros en las competencias, y cuya experiencia, y habilidad en el campo eran notables. Representarían "Amanecer." Las inscripciones las pagaba él, los premios, en consecuencia, también serían suyos, pero los participantes tendrían derecho a un porcentaje del valor del premio obtenido, como incentivo para luchar por convertirse en ganadores.

Juan y Lena vieron los acontecimientos desde una perspectiva diferente. Seguramente la finca quedaría con poca vigilancia durante toda la tarde y gran parte de la noche. Los peones de la granja eran dados a beber, lo que facilitaría mucho sus planes de fuga. Todos regresaban borrachos a altas horas de la noche.

– Lena – dijo Juan –, la oportunidad para que escapemos está cerca. No podemos perderla. Tenemos que planificarlo con cuidado y seguridad, ningún detalle puede escapar. ¡Se trata de nuestra libertad!

– Juan, sigue siendo muy arriesgado. Conoces bien a la gente de aquí, no les gusta perder contra nadie. No quiero que me castiguen... tengo miedo...

– ¿Preferirías quedarte aquí viviendo la vida de un esclavo que intentar conseguir la libertad a la que tenemos derecho como hijos de Dios? Lo prepararemos y planificaremos todo correctamente, sin miedos ni prisas.

– Aun faltan diez días, creo que hay tiempo suficiente, pero solo hablar de ello me da mariposas en el estómago.

– Lena, la distancia a recorrer no es pequeña, sin embargo tendremos muchas horas a nuestra disposición.

Huiremos tan pronto como oscurezca. ¡Enfrentaremos el desafío, confío en Dios!

– Juan, ¿y si no funciona?

– No lo pienses. Los pensamientos negativos atraen malas vibraciones que nos desajustarán, frustrando nuestra huida. A partir de hoy haz una selección de objetos, no nos los llevaremos todos, solo irán con nosotros los imprescindibles. Yo procederé de la misma manera. Los primeros en ser seleccionados serán los libros espíritas, sin duda. Tus lecciones han sido nuestra hoja de ruta de vida.

– La semana previa a la fuga intentaremos comer mejor, en la medida de lo posible. Todavía compraré algo para el viaje. Mientras trabajo en la cocina, intentaré desviar algo de comida para este propósito – sugirió Lena.

– Si conseguimos un animal iremos por el camino de tierra, en caso contrario nos internaremos en el bosque, por lugares difíciles, pero más fiables para nuestro ideal.

El diálogo había terminado aquí, pero sus pensamientos continuaron durante la noche martillando su cerebro.

25 CAMINATA AGOTADORA Y DIFÍCIL

El día del rodeo, por la mañana, "Amanecer" vivió horas de intensa anticipación. Los peatones partieron muy temprano, realizando todo el recorrido a caballo. La ciudad estaba a cuatro o cinco horas a pie. Jerónimo y su familia, más el personal que trabajaba en la casona, lo siguieron más tarde, pero en camión. Los asientos estaban colocados en la carrocería del vehículo, bien adaptados y seguros. Los trabajadores del campo - los cautivos -, se quedarían en la propiedad, además de Juan y Lena, quienes ni siquiera fueron consultados sobre el asunto, temiendo su fuga, facilitada por la gente que naturalmente vendría de toda la región. Benjamín fue el elegido para llevar a cabo la difícil tarea de encargarse de todo, evitando así posibles sorpresas.

Por un lado, todo se hizo en relación a la fiesta de la tarde, de juegos y desafíos, con abundante venta de palomitas, maní tostado, *hot dogs*, tortas, dulces diversos, refrescos y bebidas. El aguardiente, principalmente, fluiría libremente. Todo se celebró al son de una ruidosa banda, compuesta apresuradamente por músicos de la región. Por otro lado, Lena y Juan tampoco descuidaron los preparativos de su fuga. Los objetos fueron seleccionados, empezando por los libros espíritas. Se necesitarían poco: una muda de ropa y algo de comida, además de pequeños suministros.

Juan sabía que tendrían que caminar toda la noche, tomando atajos difíciles, en secreto para no ser vistos y cualquier descuido podría ser fatal para el proyecto. Los habitantes de "Amanecer" eran muy conocidos en la región, por lo que necesitaban escapar sin dejar rastro, información de alguien podría frustrar su fuga y, en consecuencia, su tan ansiada liberación del cautiverio que habían soportado durante más de cinco años.

Tan pronto como terminó el día, Juan, que estaba hablando con Benjamín, le dijo:

– Amigo, es hora que nos vayamos a casa. Hoy estoy más cansado que nunca, quizá por las prisas que han provocado los preparativos del rodeo. A esta hora todos estarán comiendo la barbacoa y celebrando a los ganadores. Lo que no debería faltar es la bebida. Mañana tendremos novedades.

– Gracias a Dios aquí todo está bien. También voy a dormir. No sé a qué hora llega la gente, probablemente sea temprano en la mañana, cerca del amanecer. Buenas noches Juan.

– Buenas noches, Benjamín, que duermas bien – concluyó Juan.

Juan regresó apresuradamente a casa, Lena ya lo esperaba ansiosa. Leyeron brevemente el Evangelio, a la luz de una lámpara, y luego oraron a los bienhechores espirituales para que los ayudaran a liberarse del cautiverio. Recogieron sus cosas, los libros, algunas meriendas hechas en secreto, comida para un día, nada más, y se marcharon sigilosamente. Benjamín, a esa hora, ya estaría dormido, al igual que los demás compañeros que permanecían en la propiedad, considerando que la jornada de trabajo en "Amanecer" comenzaba en las primeras horas de la mañana.

Al no encontrar animales de montar - los de la finca eran utilizados por la gente que iba a la ciudad -, tuvieron que continuar a pie. La noche estaba clara, el brillo de la Luna los ayudaría a escapar, tendrían que caminar entre los árboles y alejándose del río, para no ser vistos por posibles pescadores. .

– Lena... el viaje va a ser duro... confía en Dios, no estamos haciendo nada reprobable. Al fin y al cabo, necesitamos continuar nuestra vida, adquirir nuevas experiencias y algo me dice en el fondo de mi corazón que ha llegado el momento de emprender la búsqueda de nuevos caminos.

La joven no respondió de inmediato, mientras oraba, le pedía a Jesús fuerza para poder superar ese camino, uno de los más duros, por cierto. Sin embargo, llevaban en el alma la certeza que no estaban haciendo nada reprensible ante los ojos de Dios. Si el Padre celestial concede libertad a todos sus hijos, ¿por qué deberían llevar una vida de esclavitud, sometidos a duros trabajos, poca comida y castigos por posibles fracasos u olvido de deberes impuestos por la fuerza bruta?

– Lo siento, Juan, si no respondí rápidamente. Estaba orando por nuestro éxito. Dios está con nosotros, estoy segura. No estamos haciendo nada malo. Es cierto que no hay inocentes sobre la faz de la Tierra, todo lo que pasamos tiene un porqué.

– La noche es agradable. La Luna se revela como nuestra compañera, despejando el camino a seguir. Necesitamos mucha atención, si hay algún movimiento sospechoso, intentaremos escondernos debajo de los árboles. No podemos ponérsela fácil. Ten cuidado de no lastimarte. ¡Caminemos con firmeza y decisión, la victoria será nuestra!

Caminaron sin descanso hasta altas horas de la madrugada, comiendo bocadillos y saciando su sed con agua de una botella, prescindiendo de ella por la mañana, ya vacía. Se recorrieron muchos kilómetros, siempre en línea recta, alejándose así lo máximo posible de la finca. Por la mañana, cuando el Sol asomaba por el horizonte, Juan se subió a un árbol para comprender mejor la situación y saber si había algún camino a la vista.

– Lena… Lena… ¡estamos a salvo! ¡El camino no está muy lejos, gracias a Dios! Nuestro esfuerzo no fue en vano. Vamos, querida amiga, peleemos un poco más. Puedo evaluar tu cansancio. Caminar toda la noche entre obstáculos no es nada fácil – dijo Juan.

Juan le dio el brazo a Lena para caminar más rápido y ganar camino. Dios estaba con ellos. El primer camionero que pasó los llevó.

26 CAZA FRUSTRADA

Jerónimo y su familia, más la gente de la casa grande, regresaron alrededor de las dos de la madrugada, bastante cansados. Los trabajadores del campo tienen la costumbre de acostarse muy temprano para poder realizar las duras tareas en las primeras horas del día. Los hombres llegaron agotados por las bebidas que habían consumido y se quedaron hablando un poco más. Las mujeres se retiraron rápidamente. Benjamín se despertó por el ruido que hacían y salió a su encuentro.

– ¿Cómo estás, Benjamín, como están las cosas? – Preguntó Jerónimo.

–No hay noticias, jefe, está bien – respondió humildemente el subordinado.

– Mejor así. Todo salió mal en la ciudad, nuestros hombres son débiles. Nadie logró hacer nada bien, perdimos todas nuestras apuestas, fue un día de fracasos. Al final de la tarde comenzó el asado, luego se llenaron de carne y grasa. Solo tuvimos gastos. Los animales eran muy caros, precios exorbitantes, no compramos ninguno. ¡Cuántos proyectos deshechos! Bueno, ya están libres, vamos a dormir, el día no tardará en aclararse – finalizó Jerónimo, alejándose del grupo.

Los demás que fueron a caballo llegaron recién por la mañana. Salieron temprano y regresaron más tarde. Estaban cansados y sucios. No hubo nadie herido. Durante la pelea, dos hombres resultaron gravemente heridos y una decena de ellos sufrieron abrasiones en el cuerpo, debido a caídas inesperadas, sin embargo no pertenecían a "Amanecer."

Tan pronto como amaneció, doña Cândida notó la ausencia de los dos sirvientes más importantes de la casa grande. Lena no había aparecido en la cocina y Juan tampoco había mostrado su presencia. La mayoría de sus pertenencias estaban en sus habitaciones. Jerónimo, informado de lo sucedido, ordenó llamar a Benjamín a su presencia.

– Desde anoche dijiste que todo estaba bien, entonces, ¿qué tienes que decir sobre la fuga de Juan y Lena? – Preguntó bruscamente el granjero.

– Ya vi, entrarán a la habitación a tocar el tambor. ¡Maldición! ¡Maldición!

– Lleva la finca, mira si faltan caballos... llama a Chico. No podemos renunciar a ellos. ¡Nunca nadie ha huido de aquí y no será esta vez! – Jerónimo estaba realmente molesto por el episodio.

Poco después llegaron los hombres encargados de comprobar si faltaban animales, acompañados por Chico.

– Jefe, falta "Malhado" – dijo alguien.

Malhado era un caballo viejo que se había quedado en la hacienda, por no estar físicamente apto para acompañar a los demás en el viaje.

– Si fueron con Malhado, no están lejos – dijo Chico –. Voy a buscarlos y a ponerlos bajo el látigo. Yo organizaré la caza. Tibúrcio y Toño irán conmigo. Saldremos a continuación. Ve a ver "con cuántos palos puedes hacer una canoa."

En menos de quince minutos se escuchó una estampida de caballos, partiendo los tres en busca de los fugitivos. Recorrieron el largo camino de tierra hasta llegar a la carretera pavimentada. Pasaron varias horas y no había rastro de ninguno de los dos.

– Volvamos al punto de partida y sigamos los atajos. Cada uno de nosotros seguirá un camino diferente, el que nos encuentre disparará, avisando a sus compañeros del éxito. ¿Entendido? – Preguntó Chico.

Hecho esto, regresaron al inicio del camino, el viaje fue largo. Una vez cumplida esta etapa, tomaron atajos, cada uno en una dirección diferente, sin lograr resultados satisfactorios. Estuvieron toda la tarde en lo profundo del bosque, hicieron una búsqueda regular, no olvidaron nada, todas las direcciones fueron debidamente comprobadas, ¡nada de eso! ¿A dónde habrían ido? No había casas cerca de la finca, Jerónimo no permitía barrios. Los caminos estaban muy alejados imposibilitando llegar a ellos, era necesario conocer bien el terreno y dónde estaban más cerca de la propiedad.

Por la noche, exhaustos y hambrientos, regresaron a "Amanecer." Jerónimo los estaba esperando; al ver que venían solos, les preguntó:

– Entonces los tortolitos huyeron a pie y ni siquiera pudieron alcanzarlos. Ustedes son débiles, eso es seguro. ¡Los idiotas no son buenos!

– Jefe, ¿no fueron con Malhado? – Preguntaron.

–¡Nada de eso! Malhado fue encontrado atado en medio del monte, lejos de la casa grande. Juan era inteligente, sabía engañarnos. Mientras los buscabas por el camino y en los atajos, huyeron a pie sin dejar rastro.

Bajaron la cabeza, humillados. Benjamín, como castigo, fue colocado en la cocina en el lugar dejado por Lena, lo que fue motivo de burla por parte de todos.

Los jóvenes lograron su objetivo, escapar de la esclavitud; antes de revelar qué les pasó, aceleremos un poco el tiempo para relatar algunos hechos que involucran a personajes de la finca "Amanecer."

Marina dio a luz a una hermosa niña, a la que llamaron Lúcia, era el encanto de sus abuelos, comprensiva y generosa. Las aclaraciones y, el apoyo de Juan y Lena a Marina, y de sus padres fueron decisivos en la vida de Lúcia y motivo de felicidad de todos.

Carlos e Izaura, cansados de la vida rural, obtuvieron el permiso de su padre para trabajar en una gran ciudad del Estado, querían descubrir nuevos horizontes, nuevas costumbres, además de, por supuesto, mejorar sus estudios.

Chico, al ver fracasados sus ideales, también partió en busca de otro destino. Leoncio, por orden de Jerónimo, tomó su lugar. Los colonos estaban contentos, porque Leoncio era más amigable, más humano. Él era el encargado de administrar la finca.

Jerónimo y doña Cândida, después de largos años y agotados de la vida en el campo, se trasladaron a la ciudad, visitando la propiedad de vez en cuando.

27 DOS BENEFICIOS

– Para nosotros eres un emisario del cielo – dijo Juan –, estábamos perdidos por estos lares, ahora parece que todo estará bien.

– Los chicos tuvieron suerte, nadie se detiene en el camino para llevarlos. Nunca lo hago yo mismo, pero no sé por qué me detuve hoy para ayudarlos – dijo el conductor.

– ¿Cómo se llama? – Preguntó Lena.

–Arístides –respondió –, ¿y tú?

– Yo soy Lena y él es Juan. No tengas miedo, somos amigos. Gracias a Dios pasaste y te mostraste fraternal con nosotros. Estamos inmensamente agradecidos.

Arístides parecía tener poco más de cuarenta años, bastante fuerte, de mirada inteligente y actitudes definidas. Se ganaba el pan de cada día transportando mercancías de un lugar a otro. Allí donde había trabajo que hacer, se presentaba como candidato para el servicio.

– ¿Tienes algún destino en mente?

– La ciudad a la que vas es buena para nosotros. Necesitamos ayuda, queremos trabajar, cualquier servicio sirve - dijo Juan.

– Así que sigamos adelante, ustedes irán conmigo, se quedarán en casa como invitados unos días y luego decidirán qué hacer.

El deseo de salir de allí era tan grande que venció el miedo a ser engañados una vez más y, así, con mucha esperanza se arriesgaron a pedir que los llevara la primera persona que apareciera en el camino. Después de dos horas de viaje, si acaso, Arístides informó:

– Ya estamos llegando, mi casa es pobre, no tenemos muchos recursos, pero ustedes me cayeron bien. Hasta que tengan otro lugar donde quedarse, quédense con nosotros. El nombre de mi esposa es Odila. Es muy generosa, ambos le gustarán. No tenemos hijos, de ahí el placer de ayudar a todo aquel que acude a nosotros. Después de todo, todos somos hermanos, ¿verdad?

- Perfectamente - estuvo de acuerdo Lena.

Llegaron a una modesta casa ubicada en las afueras de la ciudad. Casa humilde pero acogedora. Odila salió al encuentro de los tres, sonriendo.

– Mira Odila, traje a dos amigos, se perdieron en el camino y pidieron que los llevara. Se quedarán con nosotros unos días. Ahora mismo lo que más necesitan es un buen baño y luego un buen almuerzo.

– Está bien, Arístides. Si son tus amigos, también son los míos. Haremos todo lo que esté a nuestro alcance a favor de ambos. Están levemente heridos, les daremos una venda – dijo Odila afectuosamente.

– Estábamos perdidos en el bosque, nos caímos muchas veces, las espinas de los arbustos nos duelen, pero gracias a Dios estamos a salvo – exclamó Juan.

– Muy bien, primero la ducha, luego veremos qué hacer – dijo Odila señalando la puerta del baño –. Primero la niña, luego el chico. Hay tiempo para todo.

Mientras Lena se duchaba, Arístides mantuvo una buena charla con Juan, en la sala, sentado en mullidos sillones. Hablando de su situación, Arístides dijo:

– Llevamos muchos años viviendo aquí, tenemos grandes amistades, a veces pienso en mudarme, pero Odila no está de acuerdo. Está acostumbrada a la vida pacífica de estos lugares. Ni siquiera quiere discutir el asunto en absoluto.

Y Juan interviene hablando de sus primeras impresiones:

– Es mejor echar raíces que saltar de un lugar a otro. Así que a primera vista tengo una gran impresión. De nada tiene sentido vivir en una gran ciudad, incluso puedes ganar más, pero hay que aceptar que los costos de mantenimiento de la casa serán mucho mayores. Además, la tranquilidad aquí es contagiosa.

– Todo el mundo dice eso de mi casa. Como solo pensamos en el bien, el ambiente de esta vivienda está impregnado de buenas vibraciones.

– Ciertamente.

– Es el resultado de nuestros pensamientos y sentimientos armonizados con el bien y el amor. Como ya les dije, nos gusta ayudar a nuestros semejantes. Como no tenemos hijos, buscamos estas actividades como forma de compensación.

– ¿Tienes alguna religión? – Preguntó Juan.

– Sí, somos espíritas. Sin embargo, nunca nos fijamos en este aspecto durante el servicio. La religión de Jesús era la del amor. ¿Estás de acuerdo conmigo?

– Estoy de acuerdo, sí. Lena y yo también somos espíritas, tuvimos la suerte de encontrar dos libros maravillosos que nos cambiaron completamente de opinión: *El libro de los Espíritus* y *El evangelio según el Espiritismo*.

– ¡Excelente! Somos entonces compañeros de ideales. El Espiritismo es luz en nuestro camino, venciendo las tinieblas de la ignorancia y liberándonos de una vez por todas de las ilusiones físicas.

– Fue Dios quien impulsó nuestro encuentro. Te contaré la triste verdad de nuestras vidas más tarde esta noche. Ahora realmente necesito una ducha.

En ese momento de los hechos, Lena salió del baño y Juan fue allí para limpiarse. Lena fue a la cocina como auxiliar de Odila a preparar el almuerzo. Todos tenían hambre.

Arístides permaneció donde estaba, inmerso en profundas reflexiones. Los jóvenes inspiraban total confianza y eran dignos de apoyo. Haría todo lo posible por el beneficio de ambos, quería verlos felices.

Aprovechando el momento, mentalmente dijo una oración pidiéndole a Jesús que los sostuviera, sobre todo porque sentía en lo más profundo de su alma que aquellas criaturas le eran familiares.

28 BIENVENIDA FRATERNAL

Por la tarde, Odila llevó a los dos visitantes a dar un paseo por la ciudad. No había mucho que ver. Un pequeño jardín central, en cuyas calles laterales se ubicaba el edificio del Ayuntamiento, el cine, la sede central y pequeñas viviendas comerciales. En la acera del jardín había puestos de periódicos y frutas. La cárcel pública y la comisaría estaban a dos cuadras. Al lado de la comisaría pudimos ver un consultorio médico y un consultorio dental. La ciudad estaba formada principalmente por casas pobres. Colegio solo para 1º grado, cuyo mantenimiento estaba a cargo del Ayuntamiento.

– Eso es lo que viste en la ciudad – dijo Odila –, tenemos un poco de todo lo que necesitas. Aquí todos se conocen y se respetan. No hay ladrones y tampoco se han producido crímenes.

La prisión solo sirve para detener a algún individuo que se emborracha en los días festivos y comienza a organizar disturbios. Al día siguiente, el ciudadano es liberado.

– Un lugar pequeño y tranquilo para vivir, pero con pocas perspectivas laborales – reflexionó Juan.

– Si los anfitriones no se molestan con nosotros, planeamos pasar un tiempo aquí. Lo que no queremos es ser inoportunos e inconvenientes – argumentó Lena.

– Teniendo en cuenta lo que dijo Arístides de ustedes, pueden quedarse el resto de sus vidas.

Tiene un sexto sentido. Él sabe cosas, rara vez se equivoca – respondió Odila sonriendo.

Juan y Lena necesitaron su apoyo y un largo descanso, para recuperar energías y olvidar la amargura de la "Amanecer." La casa de Odila fue sin duda el lugar ideal para esta recuperación física y mental.

Luego del breve paseo regresaron a casa, donde los esperaba su dueño, ansioso por recibir noticias.

– Entonces, ¿te gustó la "metrópolis"?

– Excelente lugar para vivir, llevar una vida tranquila, lejos de los problemas que son tan comunes en las grandes ciudades: contaminación, hambruna, robos, crímenes – respondió Lena.

– Estoy parcialmente de acuerdo...

– Juan, ¿estás solo parcialmente de acuerdo? – Le preguntó Lena.

– No olvides que son precisamente los problemas y las adversidades los que nos hacen evolucionar, ganar madurez espiritual. Una vida fácil no lleva a nadie a lograr el progreso.

– Realmente, si miramos las cosas desde esta perspectiva, no puedo evitar ponerme de tu lado en este argumento. Los libros espíritas nos enseñan estas verdades.

La lucha, cuando es digna, mejora nuestro espíritu, capacitándolo para compromisos elevados.

- Muy bien, eso es todo - dijo Arístides –. Ya he hablado mucho de esto con Odila, porque también tengo intención de mudarme de aquí a otra ciudad más grande, donde hay más trabajo y recursos, donde podamos ser más útiles.

– También pienso en tener más cosas que hacer, pero aquí hasta ahora nunca hemos estado inactivos. Siempre hay algo que ofrecer. Rara vez dejamos de servir, siempre hay quienes necesitan comprensión, apoyo y ayuda. La paz de esta ciudad me cautiva – concluyó Odila.

– Es verdad – asintió el marido –. Gracias a Dios no estamos cruzados de brazos. Las oportunidades para servir a los demás ocurren con frecuencia. Solo me gustaría un lugar donde las tareas sean bastante diversas, lo que nos permitiría progresar en otras áreas de la actividad cristiana. Los ingresos económicos de los carretes serían mayores y, en consecuencia, tendríamos más recursos para ayudar a nuestros semejantes.

– El argumento de Arístides es fuerte, algún día tendré que seguirlo. Él tiene su razón y yo la mía.

Sin embargo, como esposa necesito acompañar a mi marido. En verdad, podemos servir a Jesús dondequiera que estemos. Ahora nos toca cuidar de Juan y Lena, lo cual haremos con mucha alegría.

Arístides tenía razón. Cuando el potencial de logro es grande, obviamente no se puede permanecer en lugares donde se exige poco o nada de la persona. La pareja todavía tenía mucho que dar y las oportunidades en aquel pueblo eran pocas. Cuando la cantidad de semillas es grande, se necesita mucha tierra para sembrarlos. Emmanuel, guía espiritual del médium Chico Xavier, aclaró que "cuando la cosecha está lista, aparece el servicio."

Es cierto que no se puede permanecer inactivo, esperando la tarea, sino atento y dispuesto, muy interesado en los trabajos de la mies, que es mucha y los segadores pocos - Mateo 10:37. Cada persona debe hacer su parte, actuando con amor y perseverando siempre en el compromiso adquirido.

Cuando las actividades espirituales fracasan, la responsabilidad del fracaso casi siempre recae en el individuo, porque asumió el compromiso sin preparación o aceptó la participación de adversarios espirituales, atraídos por sus debilidades morales y vicios que aun lo dominan íntimamente.

Los recolectores que son muy conscientes de su trabajo nunca encuentran obstáculos insuperables cuando intentan ayudar a otros en sus necesidades y aflicciones. El bien es una fuerza invencible, porque tiene su génesis en Dios. El mal es restringido y temporal, porque es propio de los hombres.

29 DÉBITO PAGADOS

Al día siguiente, después del desayuno, Juan quiso saber de Arístides sobre las actividades del matrimonio en materia de labores espíritas.

– ¿Formas parte de algún grupo espiritista aquí en la ciudad?

– Cooperamos modestamente en un grupo familiar. La dueña de la casa, nuestra hermana Rosa, tiene una extraordinaria mediumnidad psíquica. Su marido se llama Oscar y él también participa en el trabajo. Odila tiene mediumnidad de incorporación - psicofonía. Soy el líder de las reuniones. Hasta que surja alguien capaz, llenaré el vacío y responderé a la gerencia.

– Me gustaría mucho conocer el grupo y participar en el trabajo. Hasta ahora solo tenemos teoría, ni Lena ni yo hemos tenido la dicha de presenciar un trabajo mediúmnico. Todo lo que sabemos fue aprendido mediante la lectura de *El Libro de los Espíritus* y de *El Evangelio según el Espiritismo*.

– Los libros mencionados pertenecen a la codificación del Espiritismo. Estás bien fundamentado. Debemos conocer la verdad en su expresión pura, para que nuestra comprensión se desarrolle con naturalidad y convicción. La fe viva es fruto del conocimiento combinado con logros en el campo del amor cristiano - explicó Arístides.

– Mañana por la noche iremos a casa de Rosa, para otra reunión. Estamos seguros que te gustará. El ambiente es humilde y acogedor. La sinceridad y el deseo de servir son la tónica del encuentro – afirmó Odila.

– Cuando hablabas de la tarea de servir, recordé un pasaje evangélico apropiado para nuestras reflexiones de ahora.

– ¿Cuál, Arístides? – Preguntó Odila, ansiosa por recibir nuevas lecciones.

– Los discípulos acompañaban a Jesús y, hablando, disputaban entre ellos quién era el mayor entre ellos, reclamando cada uno para sí ese honor. El Maestro, conociendo el asunto pendiente, los llamó y les dijo: "*Si alguno quiere ser el primero, sea el último y el servidor de todos.*" - Marcos 9:35.

– Aquí en la Tierra todo es muy diferente. Las personas que se destacan del resto son precisamente aquellas favorecidas por la fortuna, que gozan de posiciones destacadas en la sociedad, poseedoras de tesoros materiales, transitorios y perecederos. Los valores legítimos son los espirituales eternos e intransferibles – afirmó Odila con convicción.

– Lena y yo – dijo Juan –, estamos empezando ahora, todo es nuevo para nosotros. Sin embargo, somos alumnos estudiosos y dedicados, porque conocemos el valor del estudio y el trabajo, como factores de progreso. Nuestra experiencia de vida no fue nada fácil, pero nos dio la ventaja de saber elegir nuevos caminos. Ahora conocemos el remedio adecuado para nuestros males íntimos. Hoy estamos agradecidos por todo. Por la noche, después de cenar, informaremos sobre nuestra vida, abarcando un período de más de cinco años.

El diálogo continuó hasta la hora de la cena, todos querían expresar sus puntos de vista respecto a los acontecimientos que tanto desdichaban a la Humanidad, a saber: revueltas, guerras, calamidades públicas derivadas de sequías o lluvias torrenciales, frío excesivo, terremotos, incendios, suicidios, abortos, desastres, violencia, etc., generando sufrimientos indescriptibles e inimaginables, tomando a todos por sorpresa.

Los hechos fueron abordados desde una perspectiva espírita; es decir, a la luz del Espiritismo. Cualquiera que estudie los conceptos de la Tercera Revelación sabe que Dios es infinitamente sabio, misericordioso, justo y bueno. Ofreciendo soluciones que no entren en conflicto con la grandeza de Dios.

Todo en la vida tiene una razón de ser. Si el origen del sufrimiento no está en esta vida, inevitablemente estará en otra existencia anterior. Lo que ni siquiera se puede admitir es un posible error o fallo en las leyes divinas, eternas e inmutables. El Creador del Universo estableció normas infalibles que obviamente no pueden cometer errores en perjuicio de las criaturas humanas, hechas a su imagen y semejanza. A medida que el hombre estudia y trabaja, poco a poco va dominando los acontecimientos, adquiriendo evolución.

El grupo estaba tan interesado en la conversación que no sintieron el paso de las horas.

– La cena está en la mesa – advirtió Odila -. El hambre no debería faltar. Hicimos una comida especial para Juan y Lena, que fue sustanciosa y nutritiva.

La cena estuvo realmente deliciosa, todos se hartaron, repitiendo la ración, luego vino el postre, muy rico, y después una taza de café, finalizando la comida.

Luego regresaron a la habitación, cuando Juan y Lena contaron los dolorosos acontecimientos de sus vidas, sin omitir ningún detalle. Los jóvenes no se sintieron avergonzados, al contrario, había alegría en sus rostros por haber saldado viejas deudas de vidas pasadas. Se consideraban cautivos de la libertad... libertad conquistada a través de experiencias dolorosas.

30 LA DESGRACIA REAL

La noche del día siguiente, se dirigieron a la casa del matrimonio Rosa y Oscar, donde se realizaría otra reunión mediúmnica, con el objetivo de asistir a los enfermos que ya habían buscado infructuosamente los recursos de la medicina académica para curar sus dolencias, sin siquiera lograr un diagnóstico exacto de sus enfermedades.

En primer lugar, vale la pena aclarar que hay enfermedades físicas y enfermedades espirituales. Las enfermedades físicas se curan más fácilmente con la Medicina oficial. Las enfermedades espirituales; sin embargo, necesitan recibir terapia espiritual. Solo los Centros Espíritas bien orientados pueden brindar atención espiritual a estos pacientes. Los problemas espirituales que no son tratados adecuadamente aumentan cada vez más, hasta volverse, en muchos casos, insoportables.

Quien padece, por tanto, una enfermedad de difícil diagnóstico y tratamiento, debe buscar un Centro Espírita. Habla con su director, contarle detalladamente su caso y seguir su guía espiritual.[3]

En la ciudad no existía un Centro Espírita para atender tales casos, de ahí la necesidad de realizar reuniones en los

---

[3] Libro *La Llama Encendida* – edición ABC del Interior.

hogares. Óscar ya había pensado en fundar un Centro, pero considerando lo pequeño del pueblo optó por una reunión familiar. El grupo era pequeño, pero de buena gana y perseverante en la tarea, *"dando gratuitamente lo que gratuitamente habían recibido."* - Mateo 10:8.

La hermana Rosa era encantadora. Baja estatura, algo obesa, rostro redondo, ojos vivaces, cabello gris, a pesar de no haber llegado a los cuarenta años. Oscar, unos años mayor, también tenía una apariencia agradable, inspirando confianza a cualquiera que tenía la suerte de conocerlo. Vestía con moderación, hablaba con soltura, manteniendo siempre discreción en sus gestos, en fin, eran una buena pareja. Voluntad y deseo sincero de servir en el campo de Cristo.

Después de las presentaciones, Juan y Lena fueron invitados a entrar. El salón donde se desarrollaban las reuniones destacó por su sencillez; de hecho, todo en aquella casa era modesto, sin ostentación alguna por pequeña que fuera. En el centro de la habitación había una mesa con seis sillas alrededor, un pequeño estante con decenas de libros espirituales, en un rincón un televisor, nada más.

Sobre la mesa había un jarrón con agua, un ejemplar de *El Evangelio según el Espiritismo* destinado a la lectura y comentarios que precederían al trabajo mediúmnico, y un cuaderno en cuyas páginas estaban escritos los nombres de los enfermos que esperaban las vibraciones espirituales de consuelo y bienestar físico, reequilibrio y mental.

Arístides apartó dos sillas de la mesa, las colocó junto a la pared y pidió a Lena y Juan que se sentaran. Los demás compañeros conformaron la mesa de reunión.

– Por el momento, ustedes dos deben mantenerse alejados de la mesa, considerando que nunca participaron en reuniones de desobsesión, a pesar de tener ya un buen conocimiento de los principios de la Doctrina Espírita – aclaró Arístides, quien fungió como asesor del grupo.

A su derecha, Rosa y Óscar, al otro lado Odila. Todos permanecieron en silencio por unos minutos, expresando cariño, con el objetivo de armonizar el ambiente. Luego, Arístides, abriendo el Evangelio, leyó el hermoso mensaje del espíritu Delfina de Girardim, titulado: "La desgracia real."

– La lectura satisfizo mis necesidades – dijo Juan – ¡Cuánto consuelo nos ofrece la lectura del Evangelio sin pedir nada a cambio!

– Realmente necesitábamos esta lección que abre nuevos caminos a nuestra comprensión – añadió Lena.

– Los conceptos evangélicos se renuevan constantemente. Las líneas entre líneas siempre hablan más que las líneas mismas, de ahí la capacidad de ofrecer a nuestra reflexión verdades hasta ahora desconocidas. Las verdades espirituales se despliegan hasta el infinito, sin ser jamás superadas, representan la eterna e inmutable ley divina. Arístides hizo una breve pausa y luego continuó:

– La lección es bastante significativa para todos nosotros. Cuántas veces nos entregamos a preocupaciones irrazonables, que no conducen a ninguna parte, solo a groseras decepciones y, a veces, incluso a las lágrimas. Los valores auténticos casi siempre se olvidan, se dejan de lado. El sufrimiento no es una desgracia sino un instrumento de purificación de nuestras almas que todavía están un poco comprometidas con la ley superior. Es el pago indispensable de nuestras deudas, que no podemos evitar de ninguna manera. Después de saldar las deudas contraídas, habrá alegría y felicidad por haber superado caminos difíciles y difíciles. Por otro lado, las facilidades que ofrece el mundo llevan a las criaturas a cometer un sinfín de errores, dando lugar a la génesis del orgullo y el egoísmo, heridas morales que tan lamentables han sido para la Humanidad desde sus inicios. ¿Qué es mejor: sufrir y alcanzar nuestra liberación definitiva o vivir una vida de esplendor y riqueza, y convertirnos en prisioneros de las cosas engañosas del mundo?

Arístides había confirmado plenamente la enseñanza evangélica, fijándola mejor en la mente de los presentes.

– No olvidemos nunca la preciosa lección de Cristo: *"El que encuentre su vida, la perderá; y el que pierda su vida por mí, la encontrará."* - Mateo 10:39.

31 EL ADVERSARIO DEL PASADO

Después de las vibraciones a favor de los enfermos, cuyos nombres aparecían en el cuaderno, Arístides abrió la parte destinada al intercambio espiritual, invitando a todos los presentes a permanecer en oración y vigilancia, dando así lo mejor de sí mismos para las realizaciones de la noche, que tuvo como objetivo ayudar a personas encarnadas y desencarnadas en su propia rehabilitación.

Siguieron algunos minutos de silencio, durante los cuales los mentores examinaron las posibilidades del trabajo y la viabilidad de las comunicaciones en cuestión.

Las prácticas mediúmnicas requieren de una organización y programación previa para poder alcanzar los resultados deseados. Los médiums que asistan a tales eventos no deben faltar a su cita, ya que los benefactores espirituales cuentan con su presencia para las comunicaciones que deban realizarse. La ausencia de un médium perjudica todo un esquema previamente organizado, provocando incluso, en algunos casos, la interrupción en la curación del enfermo.

El trabajo mediúmnico es sumamente importante y responsable y no puede ser relegado a un segundo plano. Los recolectores más laboriosos y perseverantes son siempre los amigos espirituales, que se presentan mucho antes del inicio de la reunión y se marchan una vez finalizada, sin dejar de tomar todas las medidas necesarias. Rosa, con su clarividencia, ayudó a Arístides a realizar su trabajo satisfactoriamente. Nada más al iniciar la reunión, Rosa dijo:

– Veo unas manchas oscuras en la cabeza de Juan. Los mentores dicen que son problemas espirituales. Ésta es la causa de su amnesia total. Los guías nos piden realizar una intensa vibración a favor de la entidad responsable de tal anomalía.

Los presentes se comprometieron a vibrar intensamente, manteniendo pensamientos de amor y perdón, pidiendo a Jesús que ayudara al hermano ignorante de las leyes divinas a reconocer y aceptar su error, agravado por el hecho que buscaba tomar la justicia por sus propias manos.

– El oponente de Juan está presente, se había quedado en la calle, pero los mentores fueron a buscarlo. Está molesto, con los puños cerrados, demuestra su ira incontenida. Al fin y al cabo, él no quería participar en la reunión sino que permaneció de incógnito, prediciendo lo que podría pasarle. No es tan ignorante como podría pensarse. Los guías dicen que las lecturas de los libros espirituales hechas por Juan y Lena ya le ayudaron mucho – dijo Rosa.

De hecho, Juan y Lena nunca dejaron de leer el Evangelio. Decían que era el libro del corazón, por el bien que traía a sus almas, minimizando sus aflicciones. Si la Humanidad entendiera el valor de las lecciones evangélicas, ya no habría tantas lágrimas en la Tierra. Jesús nos aconsejó:

"Venid a mí todos los que estáis trabajados y cargados, y yo os haré descansar." - Mateo 11:28.

– No quiero tener nada que ver contigo, libérame, quiero salir de aquí – fueron las primeras palabras del espíritu vengador, a través de Odila.

– ¿Por qué irte tan rápido si tú hermano acabas de llegar? Hablemos un poco – dijo el dirigente.

– No tengo nada que decir. Tengo derechos sobre ello. Ya nos conocemos de otras épocas.

–Exactamente. Estás vinculado desde el pasado. No es nuevo que se ataquen entre sí en situaciones alternas que abarcan viajes pasados. Ha llegado el momento de la reconciliación...

– ¿Reconciliación? – Preguntó el espíritu.

– Sí, reconciliación. Sean inteligentes, quien siembra espinas no puede recoger flores. Cada uno de nosotros construimos nuestro futuro, en base a lo que logramos. Lo que estás haciendo hoy solo te traerá problemas. Cada uno es responsable de lo que hace...

– Eso es todo... está recibiendo lo que me hizo en una vida anterior. Yo fui una de sus víctimas. Es mi turno, tengo la intención de recuperar lo que sufrí.

– Amigo mío, Dios es sabiduría, misericordia y justicia ilimitadas. Todo el sufrimiento que enfrentaste en el pasado ya estaba pagando viejas deudas, cuando hiciste sufrir a la víctima actual. La animosidad entre ambos no es nueva. Guardemos silencio por un momento y pidamos a Jesús que les conceda el don de una revelación de hechos ocurridos en el pasado, no de esta vida que ustedes conocen, sino del origen de todos estos acontecimientos dolorosos.

Después de unos minutos, si acaso, se escuchó un grito de desesperación y dolor. El espíritu había visto escenas de otras vidas, una época en la que había hecho cosas bárbaras, una de sus innumerables víctimas fue Juan, en ese momento su subordinado.

Después de una prolongada conversación y consideración de parte a parte – adoctrinador y espíritu –, fue posible llegar a un acuerdo pacífico. Con irrefutables argumentos cristianos y visiones espirituales, el vengativo enemigo del pasado se convenció de la verdad, perdonó, prometió dejar de castigar a su víctima.

– ¡Todo está bien...! ¡Todo está bien! Realmente el mayor culpable de todo soy yo. ¡No tengo derecho a exigir nada…! ¡Nada! Él también ha sufrido mucho. Están diciendo que necesito irme. Él está bien. Reconozco todos mis crímenes, necesito fuerza para superar mis imperfecciones, que no son pocas. ¡Ayúdenme, por favor!

– *"Hay más alegría en el cielo por un pecador que se arrepiente, que por noventa y nueve justos que no tienen necesidad de arrepentirse."* - Lucas 15:7. Estamos absolutamente seguros que te ayudaremos a encontrar caminos legítimos, basados en la verdad y el amor. Hoy has iniciado una nueva etapa en tu vida, aprovéchala al máximo. Que Jesús te bendiga – oró Arístides.

– Juan, perdóname. La lectura del Evangelio y tus sinceras oraciones por mí me ayudaron mucho. Gracias por todo. Adiós… – dijo, alejándose en compañía de los guías espirituales, dejando al joven libre de su persecución.

32 CUIDADO ESPIRITUAL

La reunión continuó con normalidad y, al finalizar, el médium instruyó:

– Esperemos unos minutos más. Los mentores aplicarán fluidos medicinales en la cabeza de Juan, iniciando el tratamiento espiritual imprescindible para su completa recuperación. Cooperemos en la oración, confiados en la bondad de Jesús – concluyó Rosa.

Todos permanecieron en silencio durante más de cinco minutos. Luego Rosa le dijo a Arístides que podía terminar el trabajo, lo cual se hizo con una oración de agradecimiento a lo Alto por los dones recibidos, así como a las entidades amigas que encabezaron el encuentro.

Luego de la sesión espiritual se comentaron aspectos de su evolución, pero lo que interesó directamente a los presentes fue la asistencia espiritual brindada al muchacho enfermo. Rompiendo las reglas, la señora Rosa comentó lo que vio en el plano espiritual.

– Ahora puedo decir algo sobre lo que pasó, en ese momento no fue oportuno, considerando la bajada de las vibraciones – Rosa hizo una pequeña pausa, luego continuó hablando y dijo –. Los guías hicieron el mejor aderezo. Primero, proporcionaron asepsia con un algodón empapado en un líquido lechoso; con cada aplicación, el algodón fue eliminando gradualmente las manchas, haciéndolas más claras; después de una serie de aplicaciones, las manchas dejaron de existir, quedando solo algunas rojas. Luego, frotaron las zonas afectadas con otro medicamento, cubriendo las zonas enfermas con una gasa. Una vez finalizado el vendaje, aclararon que se realizaría el tratamiento final después de dos días. Juan no puede tomar el sol, los rayos del sol dispersarían los líquidos medicinales aplicados en las zonas enfermas. Es importante mantener el equilibrio íntimo, evitar pensamientos negativos, saber esperar. Oren y observen. Los mentores proporcionarán otros recursos, con el objetivo que la curación se produzca pronto. Durante estos dos días serás medicado espiritualmente por las noches.

– Rosa, ¿crees que podemos ser optimistas sobre una cura definitiva? – Preguntó Arístides, interpretando los pensamientos de todos los presentes.

– Tengo la impresión que sí. Las manchas han sido eliminadas. Con cada aplicación se fueron aclarando cada vez más hasta desaparecer, quedando solo las zonas ligeramente afectadas, si se me permite expresarme así. Debemos confiar. Los amigos espirituales harán todo lo posible para resolver tales problemas.

– Juan, intuyo que estarás perfectamente sano y que tu tarea por el bienestar de los demás aun no ha comenzado. Hay mucho por hacer. Ésa es mi opinión y confío mucho en mi intuición – concluyó Arístides.

Había gran expectativa en torno a la curación de Juan. Todos eran optimistas, incluso Juan, que a veces se dejaba llevar por pensamientos tristes. Lena, cada vez que veía a su amigo un poco amargado, intervenía diciendo:

– Juan, ¿qué es esto? ¡Sin pensamientos pesimistas! ¡Las vibraciones negativas causan daño, especialmente en tu caso, atrayendo elementos que causan discordia íntima, perjudicial para las medidas que actualmente se están tomando en el plano espiritual con miras a tu completa recuperación!

–Tienes toda la razón. Sin embargo, la presión que siempre siento en mi cabeza trae desaliento a mi corazón, envolviéndolo en arrepentimientos, en densas sombras de dudas, pero es solo por un momento, en cuanto pienso en Jesús, todo se disipa como por arte de magia y vuelve a la normalidad. Después de todo, solo pago lo que debo, nada más.

Durante los dos días siguientes, Juan siguió al pie de la letra las instrucciones del mentor. No salía de casa, pasaba la mayor parte del tiempo leyendo el libro *"Nuestro Hogar"*, escrito por André Luiz. Le sorprendió la información brindada por el autor de la obra, sobre las actividades de los espíritus en el espacio. Pensándolo bien, no podría ser de otra manera. La Naturaleza no da saltos, esto implica que todos los individuos que se despiden de este mundo, viviendo conflictos íntimos, siguen siendo erráticos de la misma manera. Por lo tanto, es necesario que las entidades caritativas brinden atención amorosa a estas desafortunadas personas.

El Espíritu Santo no es una individualidad sino un colectivo de seres redimidos que cumplen la voluntad de Dios y de Jesús en la Tierra al cuidar de la Humanidad sufriente, tanto encarnada como desencarnada. El trabajo que hay que realizar es uno de los mayores y también el más digno, si tenemos en cuenta los angustiosos problemas presentes en todas partes. Sin embargo, donde hay angustia y sufrimiento, también hay una medicina salvadora. Es la misericordia del Padre celestial hacia sus hijos que aun están lejos de los valores legítimos de la vida.

Juan comprobó a través de las enseñanzas de la obra que cuanto más evoluciona el espíritu, más obra. El trabajo es un factor de progreso. La ociosidad es uno de los obstáculos más peligrosos y dañinos, frenando la evolución de los seres en su camino hacia la luz. Sin embargo, nadie está irremediablemente perdido; si no responde amorosamente a los llamados divinos, un día experimentará el dolor como elemento de purificación. Así como los metales se purifican bajo el calor del fuego, también el ser humano se refina bajo la acción del dolor en el crisol del tiempo. Los frutos verdes se colocan en el invernadero para que maduren más rápido; los seres humanos también pasan por un proceso similar en el invernadero del dolor, para alcanzar más rápidamente la conciencia que solo el bien y la verdad son los verdaderos caminos de la vida, de la liberación eterna y de la felicidad.

La lectura del libro en cuestión y la fructífera meditación que suscitaron sus lecciones ayudaron extraordinariamente a la recuperación de Juan, mucho más de lo que sería justo decir.

El joven sufrió en silencio, al no tener con quién comunicarse, excepto Lena, soportó su amargura mental, aceptando los largos años de cautiverio en la finca "Amanecer." Sin embargo, surgió la oportunidad para su liberación y cuidado espiritual.

33 CONFIANDO EN JESÚS

Pasados los dos días, período de espera establecido por los amigos espirituales, el grupo se reunió nuevamente, con el deseo de continuar el tratamiento espiritual de Juan que había sentido una pequeña mejoría. La cabeza estaba menos pesada, sin la incómoda presión que persistía desde el accidente con la moto - hecho ignorado por Juan debido a su amnesia.

El lector debe recordar que Juan se encontraba entre la vida y la muerte, recuperándose gracias al esfuerzo de Lena y de la divina providencia. Quedó secuela, presión en la cabeza, sobre todo en la zona afectada por la caída. Ahora; sin embargo, se sentía mejor, incluso sus propios pensamientos se volvieron más lúcidos.

Al llegar a casa de Rosa, fueron recibidos calurosamente con muestras inequívocas de solidaridad cristiana. En la sala, cada uno ocupó su lugar, permaneciendo en silencio, buscando así la íntima armonía necesaria para tales compromisos. En cuanto el reloj dio las ocho, el líder de la reunión, como de costumbre, leyó una página espiritista. Esta lectura tuvo dos propósitos: uno, armonizar mejor la mente de los presentes; otra, la mejor aclaración del grupo sobre las verdades espirituales y la moral cristiana. Las verdades espíritas representan el remedio adecuado para las aflicciones vividas por la Humanidad. El ser humano da grandes pasos en la evolución tecnológica, no ocurre lo mismo en el área del sentimiento; es decir, del amor. Los pioneros en la fabricación de la bomba atómica también se enfrentan a un grave desafío, como ocurre en muchos países pobres: los niños abandonados, factor de malestar y miedo entre la población. Se gastan recursos incalculables en armas sofisticadas y muy poco, o casi nada, en las necesidades reales de la población.

Luego de leer y hacer un breve comentario, el hermano Arístides pronunció una oración agradeciendo la oportunidad por el trabajo y pidiendo el apoyo de los benefactores espirituales. A continuación, se realizaron vibraciones en beneficio de los pacientes sometidos a tratamiento en el grupo. Las súplicas, en este momento, eran más a favor de la rehabilitación de Juan. El trabajo se estaba realizando en obediencia a los consejos de los bienhechores espirituales y tenía como objetivo la salud del joven.

– Estoy viendo el cerebro de Juan – informó la médium Rosa –. Se nota una mejoría, al menos el color rojo casi ha desaparecido, indicio que la enfermedad está dando paso al tratamiento realizado por los mentores, quienes se muestran optimistas. Se continúa con la asepsia, utilizando algodón empapado en líquidos medicinales. La operación se realiza repetidamente, a medida que avanza el trabajo, las zonas afectadas se vuelven menos congestionadas, lo que supone una mejora en la fase de curación.

Los presentes oraron intensamente para cooperar con los guías en la curación de su amigo. Siguieron unos minutos más de anticipación, cuando Rosa continuó el relato de lo que sucedía en el ambiente a favor de la curación del paciente.

– Después de la asepsia, los médicos espirituales aplican un ungüento en las zonas enfermas, cubriéndolas con un material similar a una gasa. Están informando que el tratamiento está completo. A partir de este momento, Juan irá recuperando paulatinamente la memoria. No sucederá de inmediato, debido a que ha sido golpeado con fluidos nocivos. Sin embargo, no se puede descartar la posibilidad que la memoria regrese de un momento a otro. Los mentores prometieron visitarlo todas las noches hasta que se produzca la curación completa, con el regreso de su memoria perdida. Sigamos unos minutos más en concentración.

Odila, en este momento del encuentro, sintió la presencia de un espíritu amigo, dándole así pasividad al comunicador del Más Allá:

– Queridos hermanos, que Jesús nos bendiga a todos. Estamos eufóricos con los dones celestiales recibidos. Podemos decir, sin exagerar, que la curación de Juan será realidad muy pronto. Todas las vibraciones malignas que bloqueaban su memoria fueron eliminadas. Las zonas heridas todavía están algo afectadas, pero los cuidados brindados ahora y la medicación espiritual específica para su caso harán que la recuperación sea para alegría de todos.

Luego de una breve pausa, la entidad continuó:

– Nuestros hermanos Juan y Lena lograron una victoria significativa, liberándose de graves acontecimientos vividos en el pasado, a través del rescate, perdonando de corazón a los responsables de las vicisitudes sufridas. Solo el perdón incondicional tiene el poder de levantar definitivamente a las criaturas, liberándolas del cautiverio del pasado. Quienes perdonan son los legítimos vencedores, porque supieron superar las barreras del odio, producto de imperfecciones centenarias. En la realización de ideales ennoblecidos, no podemos prescindir de la terapia del amor. El amor es la medicina indicada para las heridas del corazón.

– Querido hermano – dijo Arístides –, estamos conmovidos y agradecidos por todo lo bueno que hemos recibido de nuestro amigo en este pequeño grupo espírita, para beneficio de aquellos a quienes ayudamos. No tenemos recursos para pagar tantas muestras de cariño fraternal...

– Nada de eso – interrumpió el mentor –, la verdad es una, todos somos grandes deudores de Cristo. Lo que hemos logrado, y de manera imperfecta, es simplemente cumplir nuestra insignificante tarea. Si estábamos felices en esta oportunidad de servir, solo gracias a Jesús...

34 MI NOMBRE ES TIAGO

Había una gran expectación en torno a la cura. Los guías estaban exultantes, pero Juan solo había notado una mejora notable. Una vez terminada la reunión, bebieron un poco de agua fluidificada de la jarra que estaba sobre la mesa, despidiéndose de los dueños de la casa. Juan y Lena permanecieron en silencio, mientras Arístides y su esposa hablaban de los problemas cotidianos.

Tan pronto como llegaron a casa, se retiraron a dormir, sobre todo porque Arístides tenía que hacer una entrega en las primeras horas del día. A Juan le costó conciliar el sueño, ya que solo pudo dormir a primeras horas de la mañana.

Por la mañana se despertó muy temprano, con el ruido que hacía Arístides en su habitación, preparándose para ir a trabajar. Juan se despertó gritando:

– ¡Estoy curado...! ¡Estoy curado...! ¡Ya sé quién soy, gracias a Dios...!

– Juan, habla más tranquilo. Odila y Lena siguen durmiendo. ¿Qué pasó?

– No sé cómo explicar lo que pasó... solo sé que me acordé de todo... de todo... Mi nombre no es Juan...

– ¿Cómo te llamas entonces? – Preguntó Arístides, curioso.

– ¡Mi nombre es Tiago...! ¡Tiago...!

Con el ruido que hizo Tiago las dos mujeres despertaron, tampoco fue sorpresa, despertar sabiendo todo, ¡qué maravilla! Por eso los amigos espirituales estaban felices, adivinando naturalmente lo que sucedería al día siguiente, por la mañana.

– Juan... Juan... ¿qué pasó? – Preguntó Lena.

– Ahora ya no soy Juan... mi nombre es Tiago. Sé quiénes son mis padres... sé cómo pasó todo... ¡qué maravilloso! A partir de este momento soy otro hombre. ¡Qué misericordioso es Jesús! Mi curación se la debo a él y a ustedes dos, mis queridos e inolvidables amigos.

– De verdad, si no fuera por Arístides y luego por Odila, no sabría dónde estaríamos ahora. Es cierto que la hermana Rosa y su marido también tienen méritos innegables en la recuperación de Tiago. Estamos profundamente agradecidos a todos – dijo Lena, secándose las lágrimas de emoción que rodaban por su rostro.

Las horas que siguieron estuvieron llenas de tristeza y alegría. Tristeza porque se acercaba el momento que los dos partieran en busca de sus familias. Alegrías de verlos felices por los logros alcanzados en el nombre de Jesús.

La fe en estos casos es muy importante porque permite al paciente recibir ayuda desde el plano espiritual. Quien tiene fe abre las compuertas de su corazón a los dones celestiales. Dios no hace distinciones, sirve a todos sus hijos de la misma manera, las personas son las que reciben o no reciben por su posición íntima. Quien no cree en la misericordia divina se vuelve refractario a los bienes que se le dirigen y no los recibe. Por eso Jesús elogió en innumerables ocasiones el valor de la fe. En este aspecto, la lectura de los libros espirituales fue muy valiosa, porque fortalecieron los conocimientos de Tiago, quien también merecía ser tratado por los benefactores espirituales.

Ese día Tiago dejó de ser Juan y trabajó feliz, y activamente junto a Arístides. No era alguien que se quedara sentado, sus duras experiencias en el campo significaron que no rechazó el servicio.

Al final de ese día, cuando se reunieron en la sala de la casa de sus bienhechores, ocurrió la mayor sorpresa.

Por la noche, Tiago hizo saber a todos los acontecimientos de su vida ocurridos antes de la amnesia, sobre todo porque ya sabían todo lo demás, comunicándoles también su deseo de partir al día siguiente. Naturalmente, sus padres sufrían por su ausencia, sin saber qué le había pasado. Ahora ya no podía ser así. Sin embargo, en cuanto todo se resolviera, les darían noticias y tal vez incluso los invitaría a cambiar de ciudad, uniéndose a ellos.

– Mi deseo ahora mismo – dijo Tiago –, sería vivir el resto de mis días con ustedes. Alimentemos el deseo de formar un grupo cohesionado y homogéneo, destinado a combatir el mal. Movilicemos todas nuestras fuerzas para lograr este ideal. El mal viene haciendo infelices a innumerables personas que se dejan llevar por sus artimañas, sin fuerzas para resistir. Si algún día podemos vivir juntos, esta será nuestra tarea: combatir el mal, en sus más diversas expresiones, como la luz que vence a las tinieblas.

Quedaron perplejos ante las declaraciones de Tiago, llenas de magnetismo creativo, incluso parecía como si alguien hablara por él. Tiago vivió intensamente con mucha alegría y trató de hacer compartir esta alegría, la más preciada, por cierto, con todos sus amigos. El proyecto era ambicioso, pero uno de los más difíciles si tomamos en cuenta que la Humanidad aun está muy involucrada en mentalizaciones de sombras, resultados negativos de vidas anteriores, cuando el egoísmo y el orgullo eran los únicos logros a alcanzar.

El día siguiente pasó con gran expectación. Arístides y Tiago estuvieron fuera toda la mañana y regresaron para almorzar. Odila parecía triste, había aprendido a amar a esas dos criaturas tan queridas por su sensible corazón. Algo le susurró que ya los conocía de otros viajes. Lena y Tiago pasaron la última tarde visitando a los hermanos Rosa y Oscar, compañeros de ideales espíritas. Les contaron sus últimos éxitos, lo que los hizo inmensamente felices. Aprovecharon la oportunidad para despedirse, prometiendo regresar. verlos lo antes posible.

El día señalado, por la mañana, partieron. Los días de sufrimiento que vivimos fueron similares a una pesadilla, cuyos frutos ahora eran los más sabrosos.

35 CASAS DEL AMOR CRISTIANO

Jorge y Júlia, a pesar de sentir la ausencia de Tiago, no se dejaron desanimar, estaban seguros que saldarían viejas deudas. El Espiritismo había sido una terapia indispensable en sus vidas, minimizando las profundas heridas que tenían en sus almas. Las heridas no habían sanado, pero con resignación y confianza en Jesús, ya no eran motivo de tanta amargura.

"Venid a mí todos los que estáis trabajados y cargados, y yo os haré descansar", dijo Jesús - Mateo 11:28. El Espiritismo como cristianismo revivido también tiene esta propiedad, aclarando y consolando a las almas afligidas, imprimiéndoles la indiscutible grandeza de Dios, basada en infinitos atributos, que no permiten la menor duda a personas imparciales y ávidas de lecciones trascendentales.

Tanto Jorge como Júlia estaban bien integrados en el trabajo del Centro Espírita "Trabajadores del Camino." Cooperaron con la institución en todos los sectores, sin debilitarse ni cansarse. Veían a todos los necesitados como hermanos acreedores de su amor. Cuanto más se dedicaban al bienestar de los demás, más gozosos se sentían, confirmando lo que había dicho Pablo de Tarso: *"El trabajador es digno de su salario.*" - I Timoteo 5:18. El apóstol nunca quiso referirse al pago material, sobre todo porque el salario del trabajo espiritual solo puede ser igualmente espiritual. Los pagos materiales no son compatibles con los asuntos espirituales.

Tan cierto es que el converso de Damasco, para no sobrecargar a las iglesias con su estancia, ejerció el oficio de tejedor, buscando recursos materiales para sustentarse. Respecto a su labor a favor del naciente cristianismo, nunca pidió un salario material. Dio gratuitamente lo que había recibido gratuitamente - Mateo 10:8. Los dones celestiales no se pueden confundir con las pequeñas cosas de la Tierra. Lo que pertenece a la Tierra desaparece con el tiempo; lo que es divino es eterno e infinito, le habla al alma y no a los sentidos físicos.

Los padres de Tiago no faltaban a las reuniones de los "Trabajadores del Camino", sobre todo porque vivían no lejos de la sede, lo que facilitaba las atenciones más urgentes. En la casa de Jorge se alojaron ponentes de otras localidades que utilizaron la tribuna del Centro, cuando no pudieron regresar a sus ciudades el mismo día, recibiendo muestras inequívocas de fraternidad cristiana.

El Centro no era grande y sus instalaciones estaban muy por debajo de sus necesidades reales. Sin embargo, el objetivo de los directores nunca fue aumentar el patrimonio de la institución. Todos los recursos recibidos fueron aplicados a los desprotegidos, ya sea materialmente, con ropa, medicinas, alimentos, etc.; ya sea espiritualmente, con conferencias doctrinarias, aplicación de pases magnéticos, orientación personal, distribución de libros espíritas, etc. El hermano Teófilo decía que los centros espíritas deben enseñar la caridad, pero también deben practicarla, de lo contrario será un disparate. Es con el ejemplo que ratificamos nuestro ideal de servir en el nombre de Jesús.

Los espíritas saben que el tesoro de la Tierra solo sirve de piedra de tropiezo para la realización de los legítimos valores de la vida, además de sufrir destrucción por la polilla y el óxido, como aclaró Jesús - Mateo 6,19. No es concebible, por tanto, que el objetivo de los grupos espíritas sea el tesoro de la Tierra, el interés excesivo en aumentar los bienes físicos que poseen. Jesús fue sin lugar a dudas la criatura más fructífera en logros nobles que recorrieron el suelo de la tierra, y vale la pena agregar que siempre estuvo desprovisto de recursos materiales. Los Centros no necesitan ser grandes en términos físicos, pero las lecciones de amor deben ser ejemplificadas por todos los que trabajan en estos hogares de cuidados espirituales. El principal valor del tesoro de la Tierra reside en su correcta aplicación en favor de la solución de las necesidades reales de nuestro prójimo.

Los padres de Tiago, después del trabajo nocturno, regresaron a casa, donde se encontraron con una gran sorpresa: Tiago los estaba esperando, acompañado de Lena. Después de superar un largo y agotador camino…

Desde la distancia, llegaron felices, para reunirse con sus familiares más queridos. Una de las criadas les dio la bienvenida y los hizo pasar.

– Tiago, hijo mío, ¡qué alegría! – Exclamó Júlia sin poder contener las lágrimas –. ¡Gracias a Dios que has vuelto!

– Mamá, cuánto te extrañé, especialmente en los momentos de sufrimiento que pasé.

Solo ahora que recuperó la memoria pudo el joven apreciar la falta de apoyo maternal.

– Dame un abrazo, hijo mío – dijo Jorge –. Hemos estado esperando tanto tiempo que ahora tenemos la recompensa. ¿Quién es esta chica? ¿Es tu esposa?

– Todavía no, pero estoy seguro que será pronto.

La declaración de Tiago había complacido el corazón de Lena, causándole sorpresa, ya que nunca habían hablado de tal tema, a pesar de amarse.

– Lena es una criatura muy especial para mí. Le debo mi vida dos veces. Además, puedo decir sin miedo a equivocarme que nuestras vidas están ligadas desde un pasado lejano, del que solo guardamos vagos recuerdos.

– Querido Tiago, si Lena fue parte de tu vida, de ahora en adelante también será parte de la nuestra. Al fin y al cabo somos una gran familia – reflexionó Júlia, incapaz de contener la alegría que dominaba su alma.

Después del emotivo reencuentro, la conversación continuó durante gran parte de la noche. Es que tenían muchos temas para actualizar y también enterarse de novedades familiares.

36 SUEÑOS PREMONITORIOS

– Vitorio... Vitorio... ven aquí, necesito contarte un sueño que tuve – llamó Amélia, su esposo.

– ¿Qué pasa, mujer, qué son esos gritos?

– Vitorio, soñé con Helena. Ella había vuelto, estaba feliz. ¿Crees que es una advertencia de Dios?

– Creo que es tan fuerte tu deseo de volver a ver a Helena, que sueñas con ella todas las noches.

– Cuantas veces me pregunto si no fuimos demasiado duros con ella. Yo era una niña, no tenía experiencia de la vida... debe haber sufrido mucho. Criamos a Helena con mucho cuidado, atendiendo todos sus caprichos...

– No sigas recordando estas cosas tristes, eso no mejorará nuestra situación ni hará que la chica vuelva – interrumpió su marido, abrazándola cariñosamente.

Eran las diez de la mañana. Amélia vivía con la esperanza del regreso de su hija, cuando alguien llamó a la puerta llamando:

– Mami... Mamá... soy yo, Helena.

– Vitorio... Vitorio... ha llegado nuestra hija. Sabía que era un mensaje de Dios.

Ambos corrieron hacia la puerta principal de la casa y la abrieron.

– ¡Dios mío...! ¡Dios mío...! Es realmente ella, Amélia. Pasa cariño, te estamos esperando desde el día que te fuiste. Cuantas lágrimas... cuantas noches de vigilia... Ya basta, no hablemos más de cosas tristes. ¡Este es un momento de alegría! ¿Quién es el chico? ¿Es tu marido? – Preguntó su madre.

– Todavía no, pero estoy segura que pronto lo será – respondió Lena sonriendo, ya que había dado la misma respuesta que Tiago le había dado a sus padres –. Es un amigo muy querido en mi corazón. Hoy hablaremos de ello. Ahora queremos escuchar noticias de casa. Después de todo, estuve ausente casi seis años. Yo también sufrí mucho, mis ojos derramaron muchas lágrimas, pero lamentablemente no pude regresar a este hogar.

Los ojos de todos se llenaron de lágrimas, ya no de tristeza sino de felicidad.

– Helena, anoche tu madre soñó que habías regresado. No le di crédito al sueño, porque ella sueña lo mismo todas las noches.

– El sueño de esta noche era muy diferente, parecía cierto. El sueño trajo a mi corazón una alegría hasta entonces desconocida.

– Son sueños premonitorios. La gente sabe de antemano lo que va a pasar. Infinidad de personas tienen esta facultad, algunas más desarrolladas que otras – explicó Tiago.

– ¿Cómo es eso?

– Cuando dormimos, nuestro espíritu no está atado al cuerpo, disfruta de una libertad parcial; la libertad total sería la muerte. En estas condiciones, toma conciencia de muchos acontecimientos que están a punto de ocurrir. Es cierto que no siempre son advertencias de amigos espirituales, sino de entidades que quieren confundirnos, aprovechándose de la confusión que traen a nuestra vida.

– El tema es complicado – dijo Amélia.

– ¡No, no! No estás familiarizada con él. Los acontecimientos que impactan grandemente nuestras vidas fueron previamente programados por la espiritualidad superior, de la cual teníamos conocimiento antes de regresar a la Tierra. Cuando dormimos, el cuerpo descansa, el espíritu descansa. De ahí la posibilidad de recordar cosas que nos sucederán en cualquier momento. También existe la posibilidad de ser una advertencia por parte de mentores espirituales, quienes tienen como objetivo ayudarnos con noticias de nuestro interés y acordes con la situación que enfrentamos, siempre y cuando no interfieran en el uso de nuestro libre albedrío, sobre el cual se basan las valiosas experiencias de las que dependen nuestras vidas.

– Tiago tiene toda la razón. Esta información no es nuestra creación. Esto es lo que nos enseñaron los libros. Hoy somos espíritas. Las dudas que teníamos fueron disipadas por los conceptos de la Doctrina Espírita. Todas las religiones son buenas, pero el Espiritismo es excelente para nosotros. Las religiones son pasos evolutivos, ofrecen recursos espirituales adecuados para la comprensión de sus seguidores. El Espiritismo va más allá, revelando luces hasta entonces desconocidas, que no solo aclaran sino también reconfortan a través de las verdades que anuncia a quienes anhelan el progreso espiritual. Por la noche, mamá, cuando vayamos a visitar a los padres de Tiago, hablaremos más detalladamente de esto – añadió Helena.

– ¿Entonces tu nombre es Helena? – Preguntó Tiago.

– Desde que nací. Me gusta mucho mi nombre, de ahí el cuidado en protegerlo, considerando la vida que he tenido de errores y sufrimientos. Ahora; sin embargo, todo ha cambiado... ¡nueva vida! ¿Tengo razón, Tiago?

– Absolutamente. Vamos a pasar el resto de la tarde aquí, hablando con tus padres. Por la tarde visitaremos a mi familia. Ustedes, caballeros, irán con nosotros.

–¿Por qué? – Preguntó Vitorio.

– Porque desde ahora somos una gran familia, unidos para vivir la voluntad de Jesús.

Las palabras de Tiago fueron convincentes, no permitiendo ningún argumento en contra.

37 EL CONSOLADOR PROMETIDO

Por la noche, según lo acordado, se dirigieron a la residencia de los padres de Tiago, ubicada en un barrio exclusivo, algo alejado de la casa de los padres de Helena. Vivían en un barrio modesto y a pesar que la casa era pequeña, era una de las mejores de la zona. El viaje se hizo a pie, satisfaciendo viejos sentimientos. Las ciudades del interior no cambian mucho con los años. El comercio y la industria no proporcionan recursos sustanciales a los gobiernos municipales. Los impuestos solo cubren los pequeños servicios y cubren los gastos de nómina de la función pública.

Nada más llegar a la casa de Tiago entraron, sus padres ya los esperaban en la sala.

– El día tardó mucho en pasar – dijo Júlia –. ¿Cómo están? ¿Está todo bien? Tenemos curiosidad por saber qué te pasó, hijo mío, en estos años de ausencia. No hemos recibido ninguna noticia. De hecho, debemos informar a la policía de tu llegada, ya que acudimos a ellos en los momentos más agudos de nuestra angustia.

Vitorio y Amélia siguieron con mucha atención las consideraciones de Júlia y, en cierto momento, Vitorio dijo:

– Nosotros también sufrimos mucho por la ausencia de Helena. Cabe señalar que el día que se fue, nos dejó enfermos y naturalmente desesperados. El rigor con el que la tratamos hizo que no soportara más permanecer en casa, prefiriendo llevar una vida independiente. A partir de entonces no supimos más de Helena y empezó nuestro calvario. Enfermos y con el corazón asfixiado por las amargas lágrimas de su ausencia. Solo en la religión encontramos un poco de consuelo. Es cierto que muchas preguntas que atormentaban nuestro espíritu nunca fueron respondidas satisfactoriamente.

– Todos ustedes sufrieron demasiado. Nuestro sufrimiento tampoco fue menor. Hoy podemos decir sin temor a equivocarnos que, gracias al sufrimiento, somos otras criaturas, todavía llenas de problemas, pero motivadas por ideales ennoblecedores, a los que no renunciaremos, cueste lo que cueste – informó Tiago.

En este punto del diálogo, Tiago y Helena, cumpliendo su promesa, contaron detalladamente todo lo sucedido durante el período en el que estuvieron ausentes, hechos que marcaron profundamente sus almas sedientas de justicia y de amor. Incluso resaltaron el valor de los dos libros espirituales encontrados en la acera, debajo de la ventana de cierta casa, subrayando el hecho que el antiguo propietario había tirado un tesoro muy preciado y guardado, quién sabe, tantas cosas inútiles y superfluas. Son inconsistencias humanas, lo bueno se cambia por lo inútil o de poco valor, como en el caso de Esaú que acordó cambiar su primogenitura con su hermano Jacob por un plato de lentejas - Génesis 25:29 al 34.

Todos escucharon atentamente el relato de los jóvenes, evaluando el dolor que atravesaron. Sin embargo, todo eso quedó en el pasado, lo que ahora importaba solo era el presente, lleno de esperanzas y rico en nobles ideales. Tiago también analizó la importancia del estudio, sin el cual la criatura nunca conocerá la verdad que libera a los seres de las cosas engañosas del mundo - Juan 8:32.

– Sin querer hacer daño a nadie, hoy, gracias a la divina providencia, somos espíritas convencidos – dijo Helena.

– En las notas del Apóstol Juan hay una promesa de Cristo que es una de las más preciosas para la Humanidad, a saber, que en el momento oportuno enviaría a la Tierra al Consolador que tendría la tarea no solo de recordar todo lo que había enseñado, pero también enseñar todas las cosas. El Espiritismo es el Consolador Prometido porque llegó en el momento oportuno para cumplir la promesa del Mesías. Jesús no dijo todo en aquella ocasión, considerando la inmadurez de las criaturas humanas, que de ninguna manera podrían soportar la verdad en su plenitud. Estudiantes principiantes que no tendrían la posibilidad de asimilar las enseñanzas universitarias sobre la vida y la espiritualidad.

– Lejos de querer imponer nuestras convicciones a alguien, cada uno de nosotros es libre de elegir su propio camino – argumentó Helena.

- Hijo mío - dijo Jorge –. Tu madre y yo ya somos espiritistas. Fuimos llevados al Espiritismo por el dolor que causaba tu ausencia; insatisfechos con las cosas de la Tierra, tratamos de aferrarnos a las cosas divinas. En este particular, solo la Doctrina Espírita con sus elevados conceptos de vida eterna nos ofreció la terapia ideal para las heridas de nuestro corazón.

– Si el Espiritismo es todo lo que proclamas, nosotros también queremos saberlo y ¿por qué no ser igualmente espíritas? Necesitamos entender y aceptar los planes divinos – añadió Vitorio, entusiasmado con la conversación.

– Si no fuera por las lecciones de la Doctrina Espírita, no habríamos superado los obstáculos en el camino de nuestra vida – dijo Tiago. Luego, volviendo a la palabra –. Precisamente en la difusión de la verdad y en la práctica del bien basaremos nuestras actividades, tanto Helena como yo.

– ¡Excelente! Lo que dijo Tiago resonó en nuestros pensamientos. Tu madre y yo estamos muy interesados en tu proyecto. Ya habíamos hablado muchas veces de esto, sin embargo sin encontrar compañeros que pudieran ayudarnos. Son responsabilidades que requieren brazos trabajadores y dispuestos, cuyo objetivo será servir a los demás incondicionalmente. Tiago, mañana hablaremos en detalle del tema. También tenemos algunas ideas que podrían usarse.

Luego fueron a una heladería cercana a tomar un helado. La noche era demasiado calurosa.

38 GRUPO ESPÍRITA "SERVIDORES DE CRISTO"

En la tarde del día siguiente, todos se reunieron para resolver los asuntos pendientes del día anterior y tomar medidas para el futuro, con miras a los logros en cuestión; es decir, trabajar a favor de los demás en el camino enseñado por Cristo. Había una gran alegría en todos los corazones y en las perspectivas de futuro.

Jorge, asumiendo el cargo de líder del grupo, los invitó a una oración de agradecimiento a Dios y a Jesús por la oportunidad del reencuentro e incluso pidiendo el apoyo necesario, con miras a alcanzar los elevados objetivos buscados. Después de la oración, Jorge inmediatamente abordó el tema directamente:

– Tengo la impresión que mi deseo es igualmente el de todos los presentes. Con esto me alegro, porque estamos cohesionados en un mismo ideal y unidos para logros futuros. Estamos convencidos que los amigos espirituales también nos apoyan en este evento.

– Yo pienso lo mismo – añadió Tiago –. La lucha será grande, pero nuestro ideal de hacer lo mejor en beneficio de los demás tampoco es pequeño. Pronto el equipo estará muy motivado. Vale recordar que Dios y Jesús estarán a nuestro lado, porque nuestra voluntad es amar al prójimo sin restricción. Por el momento, los mayores obstáculos están relacionados con el lugar de trabajo. Papá, ¿podríamos trabajar en "Trabajadores del Camino", uniéndonos a sus filas?

– Tiago, pienso diferente. Sabes que cada grupo tiene sus problemas y los peores son los de carácter doctrinario. Hay criaturas que se consideran dueñas del Centro y de la verdad y no están abiertas a diálogos francos y esclarecedores. Trabajemos juntos, sí, pero en otro lugar. Nuestros propósitos son uno: ayudar a los demás. Tiago, tenemos una finca, ahora desactivada. Desde que tu madre y yo empezamos a dedicarnos a tareas espiritistas, ya no encontramos la motivación para vivir en la finca. Se encuentra en un lugar privilegiado para nuestra misión. La superficie es de cinco mil metros cuadrados, todo amurallado. Hay una casa muy buena, desocupada, además de un galpón espacioso y bien construido.

La caseta se puede dividir perfectamente de tal forma que tendríamos dos o tres habitaciones más pequeñas y un salón. Construiríamos instalaciones sanitarias fuera de estos límites. Si lo apruebas, todos los gastos correrán a mi cargo. ¿Qué tal eso?

– ¡Excelente...! No hay nada más que agregar – dijo Tiago.

– Sin comentarios – añadió Helena –. Las cosas van viento en popa. Ahora sí, creo firmemente en el éxito de nuestro ideal.

– Sin embargo, hay un detalle que es difícil de resolver y necesita nuestra atención – dijo Júlia –. Creo que deberíamos conseguir un cuidador que se encargue de todo. La casa ya existe y un elemento con esta función nos será de gran utilidad para nuestro emprendimiento.

– ¡Genial...! ¡Genial!.. – repitió Tiago –. Yo me encargaré de arreglar al cuidador. Serán dos compañeros más en las labores espíritas. Conozco a estos dos compañeros.

– ¿Cómo así? – Preguntó Helena.

– Helena, cuando salimos de casa de Arístides, te dije que si era posible les arreglaría un alojamiento aquí, para que pudiéramos estar todos juntos al servicio de Jesús.

– ¡Perfectamente! Arístides y su esposa son grandes criaturas. Además, nos ayudaron en las horas más decisivas de nuestras vidas. Este es el camionero que nos llevó, incluso alojándonos en su casa como hijos queridos de su corazón – informó Helena, con inusitada alegría.

– Entonces, inicialmente seremos un grupo de ocho personas. Naturalmente contando con los hermanos Vitorio y Amélia – dijo Jorge.

– Cuenten con nosotros. Si por un lado sufrimos demasiado por la ausencia de Helena, por otro lado damos gracias a Dios por los dones que ahora hemos recibido, en bendiciones de alegría e iluminación. Para ello contamos con la comprensión y la tolerancia de nuestros amigos, ya que no entendemos nada sobre las actividades espíritas.

– Muy bien. Tiago es el encargado de enviar una carta al cohermano Arístides, contándole nuestros proyectos y solicitando su ayuda. El tiempo apremia, cuanto antes puedan venir él y su esposa, mejor. Moveré mis recursos para que todo se complete lo más rápido posible.

El ambiente era de camaradería y comprensión fraternal. El grupo pronto sería una realidad. Mentores espirituales compartieron el evento, fortaleciendo sus intenciones de bien y resolviendo posibles dudas a través de la intuición. Todos se mostraron receptivos, pues sus corazones rebosaban de amor y deseosos de ayudar a sus hermanos en las peregrinaciones terrenas, en nombre de Cristo, de cuyos humildes servidores se convirtieron.

El Espiritismo es, sin duda, la encarnación del cristianismo en su pureza primitiva. El Evangelio de Jesús a la luz de la Doctrina Espírita es un don celestial que felicita nuestros corazones. Nuestros viajes comenzaron en lugares sombríos y ahora están marcados con luces eternas y una dicha incomparable.

Se llevaron a cabo las medidas indicadas. Arístides no dudó. Quince días después llegó para asumir sus nuevas funciones. El cobertizo renovado era mejor que el proyecto original. El grupo, por sugerencia de Helena, fue denominado: Grupo Espírita "Siervos de Cristo."

39 CARIDAD: EXCELSA VIRTUD

Después de tres meses de trabajo agotador y largas esperas, todo estaba listo y abierto. Los "Siervos de Cristo" iniciaron sus actividades repartiendo beneficios a los corazones amargados que llamaban a sus puertas en busca de apoyo. Todos sus miembros estaban centrados en la obra cristiana, sin escatimar sacrificios. El objetivo era ayudar a todos, superando el mal con el bien, la mentira con la verdad, el odio con el amor. Era verdaderamente una sala de emergencia espiritual que atendía a los desanimados, tristes y enfermos de todo tipo.

– Tiago – dijo una vez Jorge –, necesitamos una biblioteca para atender a las personas que frecuentan esta casa.

– ¡Excelente idea! Organizaremos un marco de membresía y permitiremos que solo los miembros tengan acceso gratuito a los libros.

– Sin membresía. Aquí en el Centro nadie necesita cooperar económicamente. Nuestro trabajo es de naturaleza estrictamente espiritual. Lo que tenemos sirve muy bien para servir a todo el que acude a nosotros. Los gastos siempre correrán a cargo de nosotros. Además, estamos en contra del confinamiento de los libros, dejándolos encerrados en armarios bajo llave. "La biblioteca espírita es un vivero de luz" cuando está disponible para todos y no solo para una minoría privilegiada, lo que evidentemente significa egoísmo.

– Sucede; sin embargo, que innumerables personas no devuelven los libros, lo que implica pérdidas materiales.

– Tiago, el objetivo de esta casa no es obtener ganancias materiales sino espirituales. No queremos aumentar los activos físicos. Si decenas de libros no vuelven a las estanterías de la biblioteca, se adquirirán muchos más. Lo que importa, Tiago, es difundir material de lectura a quienes estén interesados en conocer los conceptos del Espiritismo.

– Papá, tus consideraciones son fuertes y convincentes. Si pretendemos luchar contra el mal, es necesario superar la ignorancia y la mejor arma es sin duda la verdad. La verdad solo la conoceremos estudiando y en este aspecto el libro espírita juega un papel indispensable. ¡Tienes toda la razón!

– Incluso instalaremos una librería espírita, para vender obras a precio de costo. Jesús luchó contra los vendedores del templo interesados en hacer negocios rentables.

Los habituales, al notar el desapego de los responsables del servicio, también cooperaron alegremente. Todo era de todos. Cada persona ayudó espontáneamente en la medida de sus posibilidades. Los gastos se compartían entre los directores. Jorge siempre obtuvo la mayor parte debido a su situación financiera.

Incluso los enfermos, en cuanto se sentían bien, buscaban tareas adecuadas a sus capacidades. El trabajo es una medicina infalible, cuando está enfocado al bienestar de los demás, porque ayudando seremos ayudados, como enfatiza Francisco de Asís.

Arístides no solo participó en las actividades del grupo, sino que, ayudado por los niños locales, creó un hermoso huerto, que sirvió a gran parte de la comunidad con verduras frescas y saludables. Los enfermos eran iluminados según los principios espíritas, con conferencias doctrinarias y pases magnéticos. Las reuniones de desobsesión eran privadas, bajo la dirección de Arístides. Cada dos meses se realizaban conferencias para adultos, con ponentes de otras localidades, anteriormente huéspedes.

Los domingos evangelización de los niños con la distribución de una merienda acompañada de un vaso de leche a cada uno de los niños presentes. Una vez concluida esta actividad, los responsables del grupo espírita, más los cooperadores interesados en el movimiento espírita, se reunieron para evaluar los resultados obtenidos durante la semana con el objetivo de mejorar el trabajo. Lo que importaba era servir bien a todos. Para Dios vale más la calidad que la cantidad.

Cuando las criaturas están profundamente interesadas en servir incondicionalmente a sus semejantes, los obstáculos se superan fácilmente. Los mentores espirituales están siempre al lado de personas de buena voluntad que desean ejercer la legítima caridad. El amor es la energía más grande que existe en el Universo, su origen es Dios. El amor supera todas las barreras y limitaciones, por grandes que sean. Quien ama de verdad busca comprender las necesidades de los demás, porque encuentra en el amor las razones fundamentales de su propia vida.

El amor cristiano es caridad en su expresión más bella y nadie definió mejor la caridad, la excelente virtud, que Pablo de Tarso, el vidente de Damasco:

"Aunque hablara lenguas humanas y de ángeles, y no tuviera caridad, sería como metal que resuena o como campanilla que retiñe.

Y aunque tuviera el don de profecía, y conociera todos los misterios y toda ciencia, y aunque tuviera toda la fe, hasta el punto de mover montañas, y no tuviera caridad, no sería nada.

Y aunque repartiera toda mi fortuna para sostener a los pobres, y aunque entregase mi cuerpo para ser quemado, y no tuviera caridad, nada de esto me beneficiaría.

Ahora, pues, quedan la fe, la esperanza y la caridad, estas tres, pero la mayor de ellas es la caridad." – I Corintios 13:1 a 3 y 13. Los aspectos más destacados son nuestros.

40 FELICIDAD LEGÍTIMA

La vida humana se divide en varias etapas, todas de vital importancia para la evolución de las criaturas, a saber: niñez, juventud, madurez y vejez. En estas etapas evolutivas cada uno siembra y cada uno cosecha de su propia siembra. Pablo de Tarso declaró:

"El que siembra escasamente, escasamente segará; y el que siembra abundantemente, abundantemente también segará." - II Corintios 9:6.

Las diferentes etapas de la vida, bien utilizadas espiritualmente, solo pueden ayudar al ser humano a alcanzar el éxito en el ascenso sin fin del progreso espiritual. Sin embargo, lo que normalmente ocurre es exactamente lo contrario, los individuos buscan con avidez bienes transitorios, comprometiéndose a lo largo del viaje que disfrutan.

Seamos inteligentes, aprovechando nuestro tiempo, don divino, actuando coherentemente con nuestra propia etapa de la vida. Esta magnífica lección viene también del converso de Damasco:

"Cuando era niño, hablaba como un niño, me sentía como un niño, pero en cuanto me hice hombre, dejé las cosas de niños." - I Corintios 13:11.

Es cierto que a los individuos que se equivocan en su búsqueda de ventajas terrenas les resulta difícil tomar conciencia de los verdaderos valores. Sin embargo, Dios en su misericordia ilimitada, da tantas oportunidades como sean necesarias, a través de sucesivas reencarnaciones, teniendo como factores de progreso: el tiempo y el dolor.

Aprovechando esta oportunidad queremos mencionar un aspecto del tema que nos ocupa, digno de una cuidadosa consideración. Hay espíritus jóvenes, maduros y viejos. Los jóvenes, en su mayoría, son más propensos a fracasos y errores, por su propia inmadurez, sin el apoyo necesario de las experiencias; los maduros son casi siempre más difíciles de fracasar, aunque siguen siendo vulnerables; los viejos están más seguros de sí mismos, cuando han sabido aprovechar las duras experiencias vividas a lo largo de innumerables encarnaciones; estos logros les sirven de apoyo, alertándoles de posibles caídas y, al mismo tiempo, dándoles éxito en su viaje evolutivo.

Cuando el espíritu reencarnado tenga adquisiciones espirituales, a pesar de estar animando un cuerpo joven, siempre se identificará por sus actitudes maduras y equilibradas; por otro lado, la reencarnación de un espíritu joven, aunque anime un cuerpo viejo, muy a menudo demostrará su baja edad espiritual, debido a su comportamiento inestable e inseguro respecto a temas trascendentales.

Tiago y Helena, en otras vidas, cometieron muchas locuras en perjuicio de sus semejantes. En la existencia actual asumieron muchos de esos compromisos y aprendieron lecciones valiosas. Son experiencias que enriquecen al ser en el camino hacia la luz. Tiago y Helena maduraron en el invernadero del sufrimiento regenerador.

Ahora, conscientes de los valores legítimos de la vida, quisieron dar otro paso decisivo en busca de la liberación definitiva: el matrimonio. Una de las etapas más preciosas en la vida de quienes aspiran a alcanzar las sublimes virtudes de Cristo. El matrimonio impone una serie de atribuciones que mejoran a los seres en el camino redentor. Tiago y Helena, los cautivos del pasado, se amaban y estaban dispuestos a asumir el compromiso serio del matrimonio. De hecho, todos se alegraron de escuchar la decisión de los jóvenes de unirse para construir una casa.

En una tarde festiva y soleada, en la hermosa estación de las flores, la primavera, se celebró la boda de los novios. Era el comienzo de una nueva etapa en sus vidas, ahora serían dos vidas en una. Dos ideales unidos en un mismo objetivo de sublimación, en la conquista de la verdad y el bien. Nunca abandonarían los deberes cristianos asumidos desde que descubrieron los elevados conceptos del Espiritismo.

Los hermanos de ideales espíritas, responsables de los "Siervos de Cristo", estuvieron presentes en el encuentro de los jóvenes, así como la gente de esa pobre comunidad, expresando sus deseos de una vida larga y feliz, con las bendiciones de Jesús. Dos almas ligadas desde existencias remotas se reunieron nuevamente, animadas por el sublime propósito de servir sin restricciones al Divino Maestro, en la figura de los pequeños de la Tierra. La lucha sería enorme, pero la esperanza que florecía en sus corazones sinceros y sensibles era mucho mayor y estaba destinada a dar frutos a su debido tiempo. Fue una fiesta inolvidable, porque la alegría dominó los corazones, en una demostración de auténtica fraternidad cristiana.

Los "Siervos de Cristo" sembraron la confianza en Dios, en sus leyes sabias e inmutables, en muchas almas amargadas. El perfume del amor impregnó el ambiente espiritual de aquel escenario de ayuda mutua, animando a vivir fraternalmente, como enseña la Buena Nueva del Señor.

Con el paso de los años, los integrantes del grupo de recolectores regresaron a la patria espiritual, dejando en sus puestos a hermanos capacitados en la tarea, quienes nunca omitieron en el trabajo en cumplimiento del deber de iluminar y consolar a las almas necesitadas y angustiadas. Los últimos en volver a la espiritualidad, trasladando su trabajo a otras ramas laboriosas, fueron Tiago y Helena.

Recibidos con los brazos abiertos por amigos espirituales, quienes los saludaron jubilosos por las conquistas de valores eternos alcanzados en su recién concluido viaje terrenal. Las deudas del pasado, pagadas, mejoraron sus almas, capacitándolas para compromisos más elevados, en nombre de Cristo, de quien fueron servidores humildes, trabajadores y serviciales.

Solo aquellos que cumplen fielmente los planes divinos son bendecidos con la verdadera felicidad.

– FIN –

Grandes Éxitos de Zibia Gasparetto

Con más de 20 millones de títulos vendidos, la autora ha contribuido para el fortalecimiento de la literatura espiritualista en el mercado editorial y para la popularización de la espiritualidad. Conozca más éxitos de la escritora.

Romances Dictados por el espíritu Lucius

La Fuerza de la Vida

La Verdad de cada uno

La vida sabe lo que hace

Ella confió en la vida

Entre el Amor y la Guerra

Esmeralda

Espinas del Tiempo

Lazos Eternos

Nada es por Casualidad

Nadie es de Nadie

El Abogado de Dios

El Mañana a Dios pertenece

El Amor Venció

Encuentro Inesperado

Al borde del destino

El Astuto

El Morro de las Ilusiones

¿Dónde está Teresa?

Por las puertas del Corazón

Cuando la Vida escoge

Cuando llega la Hora

Cuando es necesario volver

Abriéndose para la Vida

Sin miedo de vivir

Solo el amor lo consigue

Todos Somos Inocentes

Todo tiene su precio

Todo valió la pena

Un amor de verdad

Venciendo el pasado

<u>Otros éxitos de Andrés Luiz Ruiz y Lúcio</u>

Trilogía El Amor Jamás te Olvida

La Fuerza de la Bondad

Bajo las Manos de la Misericordia

Despidiéndose de la Tierra

Al Final de la Última Hora

Esculpiendo su Destino

Hay Flores sobre las Piedras

Los Peñascos son de Arena

Otros éxitos de Gilvanize Balbino Pereira

Linternas del Tiempo

Los Ángeles de Jade

El Horizonte de las Alondras

Cetros Partidos

Lágrimas del Sol

Salmos de Redención

Libros de Eliana Machado Coelho y Schellida

Corazones sin Destino

El Brillo de la Verdad

El Derecho de Ser Feliz

El Retorno

En el Silencio de las Pasiones

Fuerza para Recomenzar

La Certeza de la Victoria

La Conquista de la Paz

Lecciones que la Vida Ofrece

Más Fuerte que Nunca

Sin Reglas para Amar

Un Diario en el Tiempo

Un Motivo para Vivir

¡Eliana Machado Coelho y Schellida, Romances que cautivan, enseñan, conmueven y pueden cambiar tu vida!

Romances de Arandi Gomes Texeira y el conde J.W. Rochester

El Condado de Lancaster

El Poder del Amor

El Proceso

La Pulsera de Cleopatra

La Reencarnación de una Reina

Ustedes son dioses

Libros de Marcelo Cezar y Marco Aurelio

El Amor es para los Fuertes

La Última Oportunidad

Nada es como Parece

Para Siempre Conmigo

Solo Dios lo Sabe

Tú haces el Mañana

Un Soplo de Ternura

Libros de Vera Kryzhanovskaia y JW Rochester

La Venganza del Judío

La Monja de los Casamientos

La Hija del Hechicero

La Flor del Pantano

La Ira Divina

La Leyenda del Castillo de Montignoso

La Muerte del Planeta

La Noche de San Bartolomé

La Venganza del Judío

Bienaventurados los pobres de espíritu

Cobra Capela

Dolores

Trilogía del Reino de las Sombras

De los Cielos a la Tierra

Episodios de la Vida de Tiberius

Hechizo Infernal

Herculanum

En la Frontera

Naema, la Bruja

En el Castillo de Escocia (Trilogía 2)

Nueva Era

El Elixir de la larga vida

El Faraón Mernephtah

Los Legisladores

Los Magos

El Terrible Fantasma

El Paraíso sin Adán

Romance de una Reina

Luminarias Checas

Narraciones Ocultas

La Monja de los Casamientos

Libros de Elisa Masselli

Siempre existe una razón

Nada queda sin respuesta

La vida está hecha de decisiones

La Misión de cada uno

Es necesario algo más

El Pasado no importa

El Destino en sus manos

Dios estaba con él

Cuando el pasado no pasa

Apenas comenzando

Libros de Vera Lucía Marinzeck de Carvalho

y Patricia

Violetas en la Ventana

Viviendo en el Mundo de los espíritus

La Casa del Escritor

El Vuelo de la Gaviota

Vera Lucía Marinzeck de Carvalho

y Antônio Carlos

Amad a los Enemigos

Esclavo Bernardino

la Roca de los Amantes

Rosa, la tercera víctima fatal

Cautivos y Libertos

Libros de Mónica de Castro y Leonel

A Pesar de Todo

Con el Amor no se Juega

De Frente con la Verdad

De Todo mi Ser

Deseo

El Precio de Ser Diferente

Gemelas

Giselle, La Amante del Inquisidor

Greta

Hasta que la Vida los Separe

Impulsos del Corazón

Jurema de la Selva

La Actriz

La Fuerza del Destino

Recuerdos que el Viento Trae

Secretos del Alma

Sintiendo en la Propia Piel

Otros Libros de Valter Turini y Monseñor Eusébio Sintra

Isabel de Aragón, La reina médium

El Monasterio de San Jerónimo

El Pescador de Almas

La Sonrisa de Piedra

Los Caminos del Viento

Si no te amase tanto...

World Spiritist Institute

Printed in the USA
CPSIA information can be obtained
at www.ICGtesting.com
CBHW022130011024
15215CB00059B/2523